ひきこもりと大学生

和歌山大学ひきこもり回復支援プログラムの実践

宮西照夫
著

学苑社

序　現在の若者の苦悩の一表現形式としてのひきこもり

戦後私達を取り巻く社会文化環境は急激な変貌を遂げてきました。敗戦、高度成長期とその終焉、そしてバーチャル・コミュニケーション時代の到来。また、その時代を支配する主義主張や価値観も、国家主義から組織管理主義、そして個人・実力主義へと大きく変化し続けてきました。当然のことながら、この急激な社会文化変化の過程で、さまざまな社会、および精神病理現象が生じてきました。その一つが、現在、社会問題化している若者の社会的にひきこもりです。

この社会的にひきこもる若者の実数に関してはさまざまな報告がありますが、二〇〇〇年代初めにはひきこもる若者は推定値で四〇万世帯以上にいたと考えるのが一般的になっています。そして、現在、その約四割は未解決のまま三〇歳代に達し、さらに平均ひきこもり年数は一〇年に達しようとしていると報告されています。

このひきこもり現象は、すでに一九七〇年代に一部の専門家に注目されていました。しかし、社会的ひきこもりの言葉が使用されたのは一九八〇年代になってからです。そして、一九九〇年代に入り、その増加や長期化が深刻な社会問題となると同時に、社会的ひきこもりに関する研究が数多く発表されるようになりました。そして、若者が社会的にひきこもる原因に関して人格特徴、発達上の問題、家族関係、さらに、社会的要因などさまざまな視点から研究が進められてきました。また、最近まで社会的ひきこもりは日本特有の現象と考えられていましたが、二〇〇〇年代に入り韓国でも注目されるようになりました。

和歌山大学では、二〇年にわたるスチューデント・アパシー（学生無気力症候群）や大学生のひきこもり研究を基礎に、二〇〇二年に「ひきこもり回復支援プログラム」を開発しました。そして、現在、大学内のみならず地域でこのプログラムを実践し、ひきこもる若者の支援活動を展開しています。

その成果の一つとして、ひきこもりがちになっている多くの学生が抱える基本的な課題は、人間関係の希薄さやキャンパス・スキルの未成熟さから生じたもので、不適応から生じた二次的な症状をなくすだけではひきこもり状態を解決できないこと、自助グループの自由な活動が「居場所、安心して群れる場」を提供し、そこでの仲間作りが学業への復帰や社会参加に重要な役割を果たしていることが明らかとなってきました。

こうして三〇年近く、ひきこもる若者と付き合っている間に、私は社会的にひきこもる若者の病理現象自体が時代とともに大きく変化しつつあり、かつ、ひきこもりを引き起こしている原因も単一でないと強く感じるようになりました。

社会的ひきこもりは、現代の若者の苦悩の社会的表現形式の一つであり、「なぜ、日本の若者がひきこもり始めたのか」を切り口に考えることにより、さらにひきこもる若者の理解が進むと考えています。また、時代時代に多様な形で苦悩を表現する若者の心を理解することが、新たな姿に変身したひきこもりを防止できると考えています。

しかし、残念ながらこれまでは理解の遅れにより、ひきこもりの病理化、医療化、そして、悲惨な長期化を生じてしまいました。長期化したひきこもる青年への対応は、それを生じさせた私たちが責任をもって解決すべき急を要する課題であると考え、自分探しに苦悩する若者の支援活動を実践しています。

目次

装丁　有泉武己

第一章　ひきこもる若者

一　私は「不登校」をいかに克服したか?

学生のことを語る前に、まず自分の経験を書こうと思います。それが本書で登場するAさん、Bさん、Cさん……に平等と考えるからです。講演会などで、私は家族のことをよく話してきました。もちろん家族はそのことを知りません。ただそのような話をする際に、自分自身のことを一度も語ったことはありませんでした。私の話を聞いてくださった方は、悩むことなく明るく育った代表例のように、私のことを考えた人も多かったと思います。

不登校やイジメは最近現れた現象であるかのように考えられがちですが、私たちの小学時代からありました。小学校二、三年のころ、転校してきた同級生が学校に行けなくなりました。私は母の命じるままに、意味もわからずかなりの遠回りをして、毎日彼を誘って学校に行きました。私が誘ってもなかなか顔を出さない日もありましたが、私の母は毎日行くことを私に命じました。その体験が、現在、ひきこもる青年の家庭へ私を根気強く訪問をさせているのでないかと思うことがあります。その後、彼とは親友として長く付き合うことになりました。

そのころから、不登校は身近なものだったのでしょう。もちろん、病気とはまったく考えられていませんでした。現在、不登校といえば五月病のように、ウイルスに負けてかかる風邪のようなものだといわれます。疲れて体力が衰えたときに、ちょっとした学業での失敗によるストレスで不登校となるのです。体力が衰えているときは、まず養生が大切であることに変わりありません。

実は私も不登校の原因の一つであるイジメの犠牲者の一人です。

私には歳が離れた三人の姉がいました。私は母が四〇にして生まれた初めての男の子で、両親の期待を一身に集めて育てられました。戦後の食べ物も十分にないころのことでした。池田首相でしたか、「貧乏人はカレーを食え」と言ったそうですが、わが家のカレーには肉はなく、厚揚げが主役でした。小学生当時、私は熱を出し、よく学校を休みました。扁桃腺の炎症と診断され、過度な運動を制限されていました。そして、「休みの王さま」とあだ名がつけられ、イジメられていたのですが、私が住む村の近辺にはカウンセラーはもちろんのこと、精神科医すらいませんでした。

このように食べ物など物質的に乏しい時代でしたが、父母の少し過剰ともいえるほどの愛情を受け育ちました。そのころといえば、巨人の長嶋、王選手の全盛時代で、私も例にもれず野球選手になることを夢見ていました。両親はそんな私の希望を聞き入れてくれて、かかりつけの内科医の反対を押し切って野球をやることを認めてくれました。ただし、午後九時までに寝ることを義務付けられ、それは高校一年生のときまで続きました。その結果、野球を始めてまもなく発熱はなくなり、「休みの王さま」のあだ名を一年後には返上していました。イジメはなくなり不登校気味な生活は終了しました。このイジメの期間も母親から「学校に行きなさい」と言われた記憶はありません。「いつでも休んでいいから、体を大切にしなさい」、その言葉が私を支えてくれていました。

そのような母親の影響か、不登校状態になった大学生に、「大学はいつやめてもいいよ」ということが口癖になっています。学生たちは、「先生そんなことを言わないで、卒業したいのだから、少しは協力して」と弱気な言葉を返してきます。

イジメられている中、先生からお前は甘えん坊なひ弱なやつだといわれても、私の背後にはそんな言葉に左右されない、いつでも優しく見守ってくれる母親の姿がありました。

二　思春期というやっかいな怪物

ひきこもりの若者を抱える母親が、家庭内暴力で困っていると私の元を訪れました。高校二年生のときに不登校となり精神科医に相談したところ、多分、境界例[1]であるが診察に来ないと治療も入院もできない、暴力を振るうので大変なら警察を呼びなさいと突き放され困ってしまったとのことで、仕方なく親戚のものに相談したところ、祈祷師を紹介されたそうです。最初は祈祷師の言葉に感動した息子は熱心に通っていましたが、そのうち、息子の問いに祈祷師が答えきれなくなると、息子は祈祷師のでたらめさを攻撃し始め暴力を振るってしまうようになり警察が呼ばれました。それ以後、部屋に再びひきこもってしまったというのです。こういったケースによく出会います。

普通は、小言を言うと暴れだすからと、父親は関与するのを避けてしまい、無理難題をぶつけてくる息子に母親は対応しかねね右往左往しています。

こんなケースでは、病院で行なっているひきこもり外来に来るように指導しています。もちろん、病院に連れてこられ興奮し、病院のスタッフを困らせる若者が多くみられます。そんな若者には、それまで境界例や人格障害のレッテルをはられ、無理やり入院させられた経験をもつものが多く、一か月も入院生活に耐え切れずに退院し、それまで以上に荒れ始め困り果てた母親が、子どもを私の元へ連れてくるのです。

彼らはこの時点ですでに精神科医に失望しています。（彼らに言わせると）十分に話を聞かずに入院させ、大量の薬を投与され副作用に苦しんできたと精神科医を罵倒し続けます。逆に、診察開始時には防衛体制に入り、いい子ぶっていることもありますが、それも長くは続きません。彼らの感情の嵐が吹き荒れるのを待ち、罵られながらも話に耳を傾け、状態を十分に把握するまで薬を投与しないことを伝え、最後に「次回の診察では君の気持ちをもっと聞きたい」と告げると、キョトンとしています。

彼らは、良い子であろうと努める自分と、理解されず要求が受け入れないため怒りを抑えられない自分との間でもがき苦しんでいるのです。親子間ではなかなか心理的に良好な距離がとれません。私は「ご両親のように君（あなた）のことを思ってはあげられない。しかし、第三者として客観的なアドバイスはできる」と伝えるようにしています。一年もすれば感情の嵐は過ぎ去り、興奮し私を罵倒し続けたことなど無かったかのように、親しみの感情を満面に浮かべ話しかけてきます。

このように長期にひきこもる若者が、母親を攻撃し続ける場面によく出くわします。現在の取り返しのつかない高学歴社会での落ちこぼれた自分があるのは親のせいだ、対応を誤った親の犠牲者だと妄想的確信を抱き、親を攻撃する若者が目立ちます。自己確立から目をそらし、自己確立することを自ら拒否しているように思える若者です。詳細は後述します。

日本で一時、アパシー（無気力状態）や不登校状態にある若者をアダルトチルドレン、大人になれない子どもたちと呼ぶことがありました。ニートと同様に、本来の用法と異なり「子どもっぽい性格のまま成人してしまった者」といった日本流の解釈がこの言葉に与えられ、日常会話の中で広く定着してしまいました。実はアダルトチルドレンは、問題を抱える親のもとに育った息子や娘たちを意味します。

アダルトチルドレンは、一九七〇年代からアメリカで注目されるようになりました。言葉の起源はアルコール依存症の親のもとで育ち、成人した人たちを意味しました。この言葉は、一九七〇年代のアメリカで、社会福祉援助などケースワークの現場の人たちが、自分たちの経験から得た知識により作り出した言葉であり、その後、アメリカのソーシャルワーカー、クラウディア・ブラックの研究により、単にアルコール依存症の親のもとで育った子どもだけでなく、機能不全家庭で育つ子どもが特徴的な行動、思考、認知をもつと指摘されました。

この考えは、「Adult Children of Dysfunctional Family（子どもの成育に悪影響を与える親のもとで育ち、成長してもなお精神的影響を受け続ける人々）」というものであり、現在もっとも広く支持されているアダルトチルドレンの定義となっています。日本で知られるようになったのは、一九八九年に東京で行なわれた「アルコール依存症と家族」という国際シンポジウムで、ブラックが、「アルコール依存症の治療」について発表した際、「アダルトチルドレン」という考え方を具体的に示し日本に知られるきっかけとなりました。

正しくは、ひきこもる若者たちが妄想的な確信をもって主張するように、機能不全家庭で育った子どもという意味です。私はひきこもった若者の家庭を、機能不全家庭とは考えていません。ひきこもりを長期化させた結果、機能不全家庭となったので、むしろひきこもりの回復にかかわってきた私たちの責任と考えています。

三　「自分は豊富な能力で満ち溢れている」と考える若者

ドイツの詩人ノヴァーリスは、「ひょっとすると、病は人間の思索と行動のもっとも重要な題材となり刺激剤となるかもしれない」「健康より高級な病がある、健康な病がある」と書いています。青年期のアパシーやひきこもりは、ノヴァーリスの言う高級な病と考えられます。本来、若者はうらやましいばかりの豊かな感受性や発想力などの精神的な力を所有しています。しかし、一般的に若者はその使い方を知りません。特に、ひきこもる若者は、力を発揮する幅が極端に狭くなっているために現実適応力に関して脆さを抱えています。つまり、彼らは青年期に受験勉強のトレーニングに終始したため、このころまでには本来自然に育成されるはずの精神力が弱く、緊張が高まりやすい状態にあり、そして、いったん破綻が生じると私たち大人には理解不能な奇行に走るのだと思います。

かつて私の周りには、自称哲学者、小説家、ミュージシャン、そして、映画監督がたむろしていました。世界平和を実現するために立ち上がるのだ、今の宗教家は堕落していると、連日百件以上のお寺に電話を掛け、苦情の対応に困るというような学生も何年かに一度は出現します。

最近はこのような学生は少なくなりました。深く潜行し抵抗続けていると良いように解釈すればいいのかもしれませんが、どちらかといえば現実に失望し疲れ果てて、ひきこもり状態に逃げ込む若者を多く見かけるようになりました。

四　ニートやフリーターは若者の理想的な生き方か？

私の青年期の心を魅了した映画に、『男はつらいよ』フーテンの寅さんがあります。大学時代に新作を待ちわびたものでした。私だけではなく、脚本を熱心に集めていた友人もいました。『男はつらいよ』は、渥美清主演、山田洋次原作・監督（一部作品除く）のテレビドラマおよび映画です。映画シリーズは、松竹によって一九六九年から一九九五年までに全四八作が、一九九七年に特別編一本が製作されました。主人公、「フーテンの寅」こと車寅次郎は、父親、車平造と芸者、菊との間にできた子どもです。実母の出奔後父親のもとに引き取られましたが、一六歳のときに父親と大ゲンカをして家を飛び出したという設定です。

第一作は、テキ屋稼業で日本全国を渡り歩く渡世人となった寅次郎が、家出から二〇年後突然、倍賞千恵子演じる異母妹さくらと叔父夫婦が住む、生まれ故郷の東京都葛飾区柴又・柴又帝釈天の草団子屋に戻ってくるところから始まります。この寅さんが、何かの拍子に故郷の葛飾柴又に戻ってきては何かと騒動を起こします。毎回旅先で出会った「マドンナ」に惚れつつも、失恋するか身を引くかして成就しない寅次郎の恋愛模様を、日本各地の美しい風景を背景に描いています。

寅さんは、素晴らしい家族に恵まれています。旅（人生）に疲れ、その温かい家族のもとに照れくさそうに帰ってきては、さくらの制止を振り切ってまた旅に出てしまいます。家族や社会から常に距離を置き、アウトサイダーであり続けようとする寅さんの姿は、家族や学校、そして、社会の価値観に自分を合わせることへ抵抗、あるいは反抗し自己実現を図ろうとする青年期の心理を象徴していきます。いわゆる俗っぽい普通の生き方に心の安らぎを感じるのだけれども満足できずに、理想の人間関係を求め、葛藤する青年期の心性がうまく表現されています。

次に、私が今も愛読する漫画に、『釣りバカ日誌』があります。やまさき十三作、北見けんいち画の釣り漫画で、一九七九年から『ビッグコミックオリジナル』（小学館）で連載されています。日本を代表するゼネコン「鈴木建設」に勤めるが、釣り馬鹿で出世などにはまったく興味を示さず、それを理解する妻に恵まれた万年ヒラのサラリーマンであるハマちゃんこと浜崎伝助が主人公です。ある日ハマちゃんは「スーさん」という初老の男を知ることになります。このスーさん、他ならぬハマちゃんが勤める会社の社長・鈴木一之助で、二人の奇妙な友情を中心に、高度成長期に失ってきた人情味にあふれた温かな人間関係を描いています。高度成長期に家庭を犠牲にし、会社人間としてひたすら働いたサラリーマンを皮肉った作品ともいえます。会社社会に埋没することなく自己確立を実現しているハマちゃんは、読者の現実には満たされない願望充足的側面をもっているといえますが、同時にやはり日本における青年期特有の心性を表現しています。

ひきこもる若者の不幸は、競争中心の受験社会や会社社会に過剰適応したマジョリティを普通人間と考え、そして、普通になれないことに苦悩し続けていることにあると思います。マイノリティであることに強い不安を感じ、被害者意識に過度に苛まれています。彼ら、ひきこもる若者の多くは、フーテンの寅さんやハマちゃん的な生き方があることを知らずに育ってきたと言えるのではないでしょうか。

確かに、産業革命以来青年期は延長の一途をたどってきました。産業構造の変化とともに高等教育の必要性が急速に拡大したからです。そして、現在、世界の若者の共通した特徴として未成熟化があげられます。高度成長期とオーバーラップするアパシー全盛時代のころまで、日本の若者の青年期の延長を好ましいと考えていました。両親が自分たちの生活を犠牲にして、子どもたちを大学に学ばせる時代に生きた私にとって、食費を気にかけず、アルバイトで稼いだお金を遊興費に使い、実家への帰省に特急やグリーン車を使い、そして、親に対する経済的負担を深刻に考えずに大学を留年し続ける学生に嫉妬すら感じました。しかし、バブル崩壊[2]とともに事態は一変し、ニート[3]やひきこもり時代へと突入するのです。

（1） 境界例

旧来の境界例は、神経症と精神病（特に統合失調症）の症状の境界の症状をもつ疾患を意味しました。現在、一般的に境界例の呼称は境界性パーソナリティ障害を意味します。また、ボーダーラインと呼ばれることも多いです。境界性パーソナリティ障害（Borderline Personality Disorder: BPD）は、境界型人格障害とも呼ばれ、思春期または成人期に多く生じる人格障害です。不安定な自己―他者のイメージ、感情・思考の制御の障害、衝動的な自己破壊行為などの症状が特徴的です。自殺率が非常に高く、通院患者の一〇パーセントにも及ぶというデータもあります。ICD―10では情緒不安定性人格障害、境界型と呼ばれています。

（2） バブル崩壊

一九八〇年代後半から一九九〇年代初頭までに日本で起こった、経済現象および社会現象を指します。投機などの加熱により資産価格が一時的に異常な高騰をみせ、その後投機熱が冷め急速な資産価格の収縮が起こる様が、泡がふくれてはじける様子によく似ていることから「バブル景気」と呼ばれ、そしてその景気後退期を「バブル崩壊」と言われています。

（3） ニート

一九九九年にイギリスの内閣府社会的排除防止局（Social Exclusion Unit）が作成した調査報告書に由来する言葉です。英国におけるニートの定義は、「一六～一八歳の教育機関に所属せず、雇用されておらず、職業訓練に参加していない者」とされています。ただし、ニートという語は英国を始めとする諸外国ではほとんど使用されていません。逆に欧米では「ニート」について「日本における若年無業者問題を指す語」として認知されつつあります。厚生労働省の定義「若者の人間力を高めるための国民会議資料」や二〇〇五年以降の「労働経済白書（労働経済の分析）」では、ニートを「非労働力人口のうち、年齢一五歳から三四歳、通学・家事もしていない者」としていて、二〇〇四年「労働経済白書（労働経済の分析）」での定義（「年齢一五歳から三四歳、卒業者、未婚であって、家事・通学をしていない者」）に、学籍はあるが、実際は学校に行っていない人、既婚者で家事をしていない人が追加されました。これにより推定数は二〇〇二年の四八万人、二〇〇三年の五二万人から、ともに六四万人へと上方修正されました。

一方、内閣府の定義では「高校や大学などの学校及び予備校・専修学校などに通学しておらず、配偶者のいない独身者であり、ふだん収入を伴う仕事をしていない一五歳以上三四歳以下の個人である」となっています。なおこの調査では、家事手伝いについてもニートに含めるとしています。この定義に基づくニート人口の推定（五年に一度行なわれる「就業構造基本調査」）では、一九九二年六六・八万人、一九九七年七一・六万人、二〇〇二年八四・七万人となっています。この言葉はしばしばフリーターと混同されることがありますが、フリーターはアルバイトなどをしていれば、法的には一応労働者として扱われます。ただし、内閣府の定義ではフリーターの一部にニートが含まれており、厳密に区分けはされていません。また失業者についても「就業に向けた活動を行なっている」という点でニートとは区別されています。

第二章　苦悩するひきこもり

一　時代とともに変化する若者の心の病理現象

戦後、私たちを取り巻く社会文化環境は急激な変貌を遂げてきました。敗戦、高度成長期とその終焉、そしてバーチャル・コミュニケーション時代の到来。また、その時代を支配する主義主張や価値観も、国家主義から組織管理主義、そして個人・実力主義へと大きく変化し続けてきました。当然のことながら、この急激な社会文化変化の過程で、さまざまな精神病理現象が生じてきました。スチューデント・アパシー（学生無気力症候群）や社会的ひきこもりはその代表的な病理現象です。

青年期に顕在化した精神病理現象の特徴から、私は戦後を四世代に分類して考えることにしています（表１）。

うつ世代（七〇歳半ばから五〇歳半ば）

お国のために、あるいは敗戦後の復興のためにひたすら働き続けた世代です。私はこの世代を〝う

表1　20歳代の社会背景と精神病理

年齢	20代の社会背景	社会・企業体質	家庭・性格	現在の精神病理現象
75歳 55歳	第二次世界大戦敗戦 1954：高校進学50%↑ 1960：安保闘争 ヒッピー、薬物乱用、フリーセックス 所得倍増計画 高度成長 1962：オリンピック景気 1970：全学連 1973：オイルショック 1974：高校進学90%↑ 総電化 低成長 受験戦争・落ちこぼれ 学力至上主義	国家主義（規範） 仕事・会社第一主義 生産第一主義 頑張れ・頑張れ 組織管理主義 小集団への責任重視 和の重視 組織への忠誠 平等教育 中流社会	家長 （大家族） 他者配慮 教育ママ	うつ世代 過剰適応 燃えつき症候群 昇進うつ病 肩の荷おろし症候群
54歳 35歳	1980：ニューメディア元年（ファミコン・パソコン） 新新興宗教・宗教ブーム（男性教祖） 1992：学校週5日制	個人主義 ネットワーク化 労働の能率・集約化 実力主義（和より自己主張） 余暇の有効利用	父権の喪失 （核家族） マイホーム・パパ キャリア・ウーマン	無気力・しらけ世代 青年期の延長・幼児型成熟 出社拒否 青い鳥症候群 無気力症候群 思春期やせ症 登校拒否 構内暴力・イジメ
34歳 25歳	バブル景気崩壊 コミュニケーション革命（インターネット・携帯電話の普及） 大学全入時代 バーチャル・コミュニティーの時代	無規範・アノミー 1999：日銀ゼロ金利政策 リストラ・合理化 非正規雇用の増加	晩婚化 中性化	ひきこもり・ニート世代 親子心中 児童虐待 乳児殺人
24歳～	リアリティの逆転現象			キレル世代 ネット依存症、ネトゲ中毒

つ世代〟と呼んでいます。

頑張れ・頑張れの掛け声の下、ひたすら働き続ける姿が働き蟻にたとえられたように、社会への過剰適応やそこから生じる精神の消耗がこの世代の特徴です。心の病理を表現する言葉として、燃えつき症候群、昇進うつ病、そして、肩の荷おろし症候群などがあげられます。

この世代の人々の思春期に影響を与えた代表的な事件やそれを象徴する言葉として、一九六〇年代の[4]安保闘争、ヒッピー、[5]所得倍増計画、[6]オリンピック景気、高度成長、そして、七〇年代には、全学連闘争、日本総電化、低成長、高校進学率九〇パーセント、[7]受験戦争、学力至上主義、[8]教育ママなどがあります。

社会・企業体質としては仕事・会社第一主義、生産第一主義、組織管理主義小集団への責任重視、そして、組織への忠誠や他者配慮がよしとされた時代でした。

無気力・しらけ世代（五〇歳半ばから三〇歳半ば）

やがて高度成長に陰りが見え始め低成長期へと歩みを進めます。この時代に思春期を迎えた若者に、スチューデント・アパシー、青い鳥症候群、出社拒否、そして思春期やせ症など、青年期の延長や幼児型成熟がその原因の基礎をなしていると考えられる心の病理現象が顕在化してきます。いわゆる無気力・しらけ世代の到来です。

この世代の思春期に影響を与えた代表的な事件としては、ファミコンやパソコンの普及、新新興宗教・宗教ブーム（男性教祖）、学校週五日制などがあります。

特に一九八〇年はニューメディア元年と言われ、それまでの組織管理主義が影を潜め、和よりも自己主張がよしとされる時代になり、ネットワーク化、労働の能率化や集約化が声高に叫ばれるようになりました。急激な仕事場へのパソコンの普及により、労働環境が様変わりを余儀なくされました。また、家庭では父権の喪失（核家族）、マイホーム・パパなどの流行語が登場しました。コンピュータにのめり込みすぎ、人間関係が煩わしくなり、人間嫌いになる人が増えてきたのもこの世代の特徴です。

ひきこもり・ニート世代（三〇歳半ばから二〇歳半ば）

続いて登場したのが現在の社会的ひきこもり・ニート世代です。

インターネットや携帯電話の利用が急速に広がり、これらの新たなツールを四六時中手放せない、まるでかれらの体の一部のように扱い始めた世代です。しかし、受験競争からの落ちこぼれ、ひきこもり、ニート、児童虐待、そして、乳児殺人と暗いイメージがこの世代についてまわります。[9]

社会的ひきこもりは、日本では一九七〇年代の高度成長期に出現し、今日まで増加の一途をたどっています。当初、日本における文化特異的な社会不安障害の亜型と考えられていましたが、韓国においても一九八〇年代から出現し、二〇〇〇年に入り社会問題化しています。

そして、現在、ひきこもる若者の約四割は未解決のまま三〇歳代に達し、その期間も一〇年以上の長期に及ぶと報告されています。本人の問題ばかりか、彼らの両親の老齢化などによる経済的破綻は深刻で、その結果、ひきこもり生活に適応した安定状態に動揺をきたし、強い不安感や抑うつ状態から病気に倒れた両親を殺害する、殺害というより貧困による親子心中と表現するのがふさわしい不幸な事件が続いたことも記憶に新しいでしょう。

リアリティの逆転世代（二〇歳半ばまで）

最後に、これから青年期をむかえようとする次の世代を、私は「キレル世代」、あるいは「リアリティの逆転世代」と呼んでいます。[10]バーチャル・コミュニティの時代を生きてきた若者でバーチャルな世界が、〝生〟の世界よりリアルと感じるようになった世代です。ネット依存症やネットゲ廃人などの言葉が流行し始めています。

これらの心の病理現象は、〝××症候群〟と呼ばれ、精神医学の診断基準では〝××病〟と断定しがたいものです。現在、このように精神病とは言えず、また単なる悩みとして放置できない心の病が多くなっています。そして、これらの若者の心の病理現象を知ることは、私たちに現在社会の病理の理解を助けてくれると信じています。

（4）安保闘争
一九五九年から一九六〇年、そして、一九七〇年の二度にわたり、日本で展開されました日米安全保障条約（安保条約）に反対する労働者や学生、市民が参加した日本史上で空前の規模の反政府、反米運動とそれに伴う政治闘争のことです。同時に、火炎瓶や鉄パイプで暴力を振るう暴動・紛争という側面ももっていました。

（5）所得倍増計画

一九六〇年、池田内閣の下で策定されました長期経済計画です。閣議決定された際の名称は国民所得倍増計画といいます。この計画では翌年からの一〇年間に実質国民所得（国民総生産）を二六兆円に倍増させることを目標に掲げましたが、その後日本経済は驚異的に成長しました。立案は経済学者の下村治です。

（6）オリンピック景気

一九六四年に東京オリンピックが開催されることにともなって交通網の整備や競技施設が必要となり、東海道新幹線や首都高速道路などのインフラや国立競技場、日本武道館などの競技施設が整備され建設需要が高まりました。またオリンピックを見るために、テレビが急速に全国に広がることも影響し好景気となりました。

（7）受験戦争

高度成長期のころから、社会的成功を達成するため学歴を身につけようとする風潮が広まり、また当時の社会全体も強力なエリートを求め、それにつれて大学受験競争が活発になりました。そこから、進学校（主に入学偏差値の高い学校を指す）へ入学することがその後の受験に有利であるとの認識から、高校受験、中学受験と、次第に受験競争は低年齢化しながら過熱しました。さらに、私立学校を中心として、入学すれば上級学校へ進学する際に通常の入試を受けずに内部進学できる場合が多いことも受験競争を過熱させる原因となっています。小学校受験、幼稚園受験に至っては明らかに本人の意志よりも、両親の意志によって競争が行なわれている面が大きく、これを揶揄してお受験と呼ばれています。受験戦争により、受験に失敗したことから自殺を図った若者も多く、当時話題になりました。現在、上級学校で入学試験重視の学校制度を維持している国は先進国では日本を含め少数です。

（8）教育ママ

高度経済成長期に始まった学歴至上主義的な社会的風潮を背景として生まれた言葉です。特に、事あるごとに「そんなヒマがあったら勉強しろ！」「そんなことしなくていい！　勉強しろ！」などと、必要以上にクチうるさい親や、それにとどまらず激しい体罰を与える親に悩まされ、親への嫌悪の感情を膨らませ精神的ストレスを抱える子どもが増加しました。

（9）落ちこぼれ

もともと「落ちこぼれ」という言葉は存在していませんでしたが、不登校・ひきこもりが増加し始めた際、主に週刊誌が用いた言葉です。例えば学校教育においては、能力・生活習慣などの原因により、学業成績が振るわず、教育課程の標準的な成績についていけていないとみなされる児童・生徒・学生のことを言います。隠語で「深海魚」と呼ぶこともあります。主として、ここで「落ちこぼれ」の理由と言われているのは、学業成績や能力などの評価においてですが、学業成績や能力などの評価のみならず、その人の人格すべてが他の人たちよりも劣っているかのような言い方がなされることもあります。こうしたラベリングによる学習・勤労などの意欲とモラルの低下は、その人生でのさまざまなチャンスを奪うことにつながります。

（10）バーチャル・コミュニティ

仮想共同体、または、文脈によりインターネット共同体、Ｗｅｂコミュニティまたはネット共同体ともいいます。インターネット自体が一種の仮想社会と言えますが、その中でもワールド・ワイド・ウェブ（ＷＷＷ）で特定のテーマのサイトには、特定の人が集まります。その中でのテーマをもった議論や掲示板、オンラインゲームに参加する人たちのコミュニティから、各自に部屋やスペースが与えられ、ネット上に仮想の生活を営む人たちのコミュニティも増えています。

二　ひきこもり登場の予兆

燃え尽き症候群（Burnout Syndrome）

燃え尽き症候群は、執拗に親を攻撃する優等生タイプのひきこもる若者の姿とオーバーラップします。彼らは必死に上司や親の期待にこたえようと努力し疲れ果てた優等生の若者です。上司や親がその気持ちを理解できずに仕事での些細な失敗や学業成績の低下を非難し、失意の表情や言葉をうかつに発し、若者の心を深く傷つけてしまうのが常です。

一般的な燃え尽き症候群を紹介します。

献身的に努力したにもかかわらず期待した報酬が得られないと、慢性的な徒労感や欲求不満が蓄積し、絶え間ないストレスが持続すると、その人は意欲を無くし、社会的に機能しなくなってしまいます。症状的には、一種の外因性うつ病といえる状態です。極度のストレスがかかる職種や、一定の期間に過度の緊張とストレスの下に置かれた場合に生じます。会社の倒産とその残務整理、リストラ、家族の不慮の死と過労などにより陥りやすいと言われています。アメリカの精神心理学者ハーバート・フロイデンバーガーは、持続的な職務上ストレスに起因する衰弱状態により、意欲喪失と情緒荒廃、疾病に対する抵抗力の低下、対人関係の親密さ減弱、人生に対する慢性的不満と悲観、職務上能率低下と職務怠慢をもたらす症候群と定義しています。

事例1　燃え尽き症候群【Aさん、二四歳、女性、障害者福祉施設勤務、独身】

大学卒業して二年後、福祉施設に勤めていたAさんが暗い表情で私の元にやってきました。彼女は、学生時代からボランティア活動に参加するなど何事にも熱心な学生でした。就職難の時代に、内定していた条件のいい就職先をけり、障害のある子どもの世話をしたいと、あえて給料の安い現在の仕事に就きました。その彼女が突然私の元を訪れたのです。職場で世話をする子どもの問題で悩み、私の意見を求めてやって来たのだなと話を聞き始めたところ、「疲れが朝になってもとれない」「風邪ばかりひいてなかなか治らない」「頭が痛い」などと、学生時代の情熱的な口調と打って変わり、重い口調で身体の不調を訴え続けました。しかも最近では、眠れず遅刻が多くなり、仕事でも単純なミスが目立ち、上司ともうまくいかなくなったとのことでした。

そこで、Aさんの訴えを治療者としてさらに聞くことにしました。

彼女は、勤務時間が過ぎた後も一人残り、何かと子どもの世話をしました。さらに、帰宅後も子どもたちをより理解できるようにと、遊びの誘いを断わり専門書を読みふけっていたとのことでした。

しかし、上司は、そんな彼女の頑張りぶりを評価しないばかりか、「勝手なことばかりしてチームワークを乱す」と批判的であり、また、同僚に対しては「自分のように親身になって子どもの面倒をみない」などを怒りの感情を露わにし訴えました。そして、これが私の青春を犠牲にして選んだ職場かと肩をおとすのでした。

一九七四年にフロイデンバーガーは、精神障害者の社会復帰施設で働くボランティアにさまざまな神経症状、抑うつ気分、そして時には被害妄想までもつに至る人が多いことに気づきました。そして、その人たちは身体も心も疲れ切った〝燃え尽き消耗した〟状態にあるとして、この呼称を付けたのです。この状態には福祉、教育、そして医療など奉仕的な対人専門職の人がかかりやすいと言われています。最近では、関西大震災時に活躍したボランティアにこの症状が多くみられ、話題となりました。ボランティア活動が声高に叫ばれる現在、日本でこの〝燃え尽き〟への対策はこれからますます重要となってくると思われます。

また、〝燃え尽き〟やすい性格があると言われています。Aさんのように、仕事への動機づけが高い人は危険です。性格特徴としては、ひたむきで献身的、完璧主義、そして理想主義傾向の強いことがあげられます。これまで日本では美徳とされてきた性格であり、それが裏目に出るのです。

私は、対策としてAさんに仕事とプライベートの生活をきっちり区別するよう、例えば、勤務時間が終われば仕事場を一度必ず離れること、土曜日と日曜日に参加していたボランティア活動をしばらくは月一回にして、デートをすることなどを具体的に申し渡しました。そして、身体、および精神症状を軽減するために、少量の抗うつ剤と抗不安薬を投与しました。二か月後、すっかり落ち着いた彼女は、人より熱心に働いていることへの過度の自負やその評価を期待しすぎていたこと、仕事がすべてではないと考えるようになり、かえって子どもたちに優しく接することができるようになったことなどを、語るまでになりました。

〝燃え尽き〟ると、「朝に起きられない」「会社や学校に行きたくない」「アルコールの量が増える」「イライラが募る」などに始まり、突然の辞職や退学を口にし、職場や同僚に対する友好的な態度が急に変わり、冷笑感を露わにしたり、あるいは対人関係を忌避し無関心となります。最後には仕事や学業から逃避し家庭にひきこもり、家族関係の悪化や家庭生活の崩壊をきたし、最悪の場合、自殺や過労死などの不幸な結果に終わります。

本来は四〇歳から五〇歳代の管理職についている男性を対象に研究された症候群ですが、海外では幅広い年齢層で確認されています。職種別には、ソーシャルワーカー（社会福祉士、精神保健福祉士）、教師、医師、看護師など社会的にモラル水準への期待度が高く、仕事への献身を美徳とされる職業に多いとされています。この言葉は、一九七〇年代半ば、アメリカで対人サービスのメンタルヘルスが注目されるようになり、一九七四年にフロイデンバーガーのケース分析の中で初めて使われたと言われています。社会心理学者クリスティーナ・マスラークによって「マスラーク・バーンアウト・インベントリー」（Maslach Burnout Inventory）という重症度判定基準が考案され、臨床的な評価が可能となりました。

〝燃え尽き〟やすい人の長所はすでに書いたとおりです。その長所を生かしながら、〝燃え尽き〟を防ぐためには、かかわる人が単に短所を叱るのではなく、生活リズムを変えるためのアドバイスをすることが重要となってきます。

Ａさんは、時間外でやっていることへの評価や報酬は、求めていけないことを最終的に理解しました。しかし、「必死になって勉強や子どもの世話をしているとき、それが独りよがりの頑張りでも、『頑張っているね』と一言声を掛けてくれていたらどんなに救われたか」といい残して帰りました。

〝燃え尽き〟る人たちのストレスを和らげる一番の薬は、精神的な報酬です。これはひきこもりにも通じることです。たまたま成績が思ったようにとれなかったときに、「これだけ応援してきたのに、こんな成績しか取れないのか、犠牲を払ってきた甲斐がない」などといった、温かく見守ってくれていると信じていた両親の思いがけない言葉に、受験戦争で戦いに疲れた若者が強いショックを受け、心を深く傷つけられ、ひきこもるのです。

青い鳥症候群

この〝青い鳥〟の呼称は、ノーベル賞作家モーリス・メーテルリンクの「青い鳥」からつけられました。ご存じのように、チルチルとミチルの兄妹が、クリスマスに幸せを象徴する〝青い鳥〟を探し求めて旅立ち、いろんな世界を冒険してその翌年のクリスマスに帰ってきます。ところが、実際は一夜にすぎず、探し求めていた〝青い鳥〟は、皮肉にも自分たちの家の鳥かごの中にいたことに気づきます。そして、一度この青い鳥を手に入れるが、ちょっと油断をした隙に、二人の手を逃れ、再び大空に飛んでいってしまうというストーリーです。

幸せは身近にあるものであり、しかもそれに気づくのは難しい、手に入れたとたんにわからなくなってしまうものだ、と教えています。チルチルとミチルは理想を追い求める青年の心理をうまく表現しています。

事例2　青い鳥症候群【Bさん、二三歳、男性、銀行員、独身】

Bさんは、母親に連れられて私の外来を受診しました。一見したところ元気な青年で、精神科に連れてこられたことは不本意だ、とふてくされている様子でした。学歴の欄をみると、高校、大学ともに超一流、そして一流企業の本社に就職した典型的なエリート青年でした。どこか調子が悪いのですかと尋ねると、何か話そうとした青年の言葉を遮って母親が涙ながらに話し始めました。

大学を卒業後、Bさんは東京の一流銀行で働くようになりました。本人も家族も就職先には満足し大喜びしていました。入社後、寮に入り数か月間は何ら問題なく出勤していたのですが、次第に会社を休むようになりました。どこか体の具合が悪いのでは、と上司が心配して、病院に行かせましたが異常は見つかりませんでした。それで同僚や上司が、毎朝出勤時に声を掛け出勤を促すようにしました。すると、しばらくは出勤するのですが長く続きません。そこで、手を焼いた上司が家族に連絡しました。上京した母親はマンションを借り、息子と同居して数か月間にわたり、毎日彼を会社へと送り続けましたが結果は同じでした。それで「病気でなければこんなことをする息子でない」というのが、母親の訴えのあらましでした。

そして最後に、「息子の上司は、『同僚を馬鹿にした態度をとったり、わからないと仕事をすぐに投げ出してしまう傾向はあるが、出勤さえすれば普通に仕事はできている』と言ってくれるのですが」と付け加えました。

困り果てオロオロする母親の態度とは対照的に、まるで人ごとのように横で立っていた青年に、「就職先は不本意な会社だったのか」と聞くと、「会社に不足はないが内容が問題だ」と答えました。仕事内容は馬鹿げていて、一流大学を出た彼がそんな銀行の窓口の仕事をさせられるなんて思ってもみなかったというのです。

私は、〝青い鳥症候群〟と判断しました。この症候群は、一九八三年に清水将之によって提唱されました。受験戦争や教育ママなる言葉がちまたに流布し始めた、一九七〇年代生まれの子どもの中で、受験競争で勝ち残った者によくみられたこころの病です。言い換えれば日本固有の偏差値至上主義の副産物といえます。

すでにおわかりと思いますが、彼らは何不自由なく学業に打ち込んできた、恵まれた知的エリートです。良い大学への入学が良い会社を、そして、より良い生活を約束すると信じ疑わなかった青年です。入社後の簡単な窓口での応対業務が彼のプライドを傷つけ、優秀な自分にそんな仕事を与える会社が理解できないと憤ります。才能を発揮する場が与えられないことへの不満から、彼らは転職を繰り返していきます。

そして、そんな自分にした責任は、育てた親にあると責め、家庭内暴力に及ぶことも稀ではありません。彼らは未熟さを残し、世間的な常識や人情に疎く、仲間作りも下手です。相談相手を探せないのも彼らの特徴です。

Ｂさんの母親は、何とかして会社に復帰できるように病気を治療してほしいと懇願しました。私にできることは、母親に「息子より先に何もするな」「彼が意見を求めたときに、社会人としての先輩として父親に相談相手になってもらいなさい」と言うことだけでした。立派な資質をもった青年です。初めて挫折し、自分で考えるチャンスを与えられたのです。やがて青い鳥は身近にあるということに気づきます。それまで待ってやるのも愛情です。彼の人生はこれからスタートなのです。

しかし最近では、残念ながら青い鳥症候群は簡単に解決することが難しくなり、受験や就職に失敗したり、大学や会社でつまずいた若者たちは、次第に自分の部屋にひきこもり始める傾向にあります。

事例３　一流大学症候群【Ｃさん、二〇歳、男性、大学生】

大学二回生のときに母親に連れられひきこもり外来を受診しました。入学後、一、二か月は登校していたようでしたが徐々に不登校状態となり、二回生に入ると下宿にひきこもってしまいました。たまたま下宿を訪れた母親が落ち込んでいる彼に問いただしたところ、単位はまったく取れていなくて、外出もコンビニに買い物に出るだけだとわかり、彼を無理やり外来に連れてきたとのことでした。

Ｃさんは、一般的な質問には冷静に答えていましたが、大学の話になると急変し、「僕は大学受験に失敗したからもうダメだ。僕の人生は滅茶苦茶だ。すべてを犠牲にして有名中高一貫進学校に入学してT大学を目指し頑張ったのに、僕はもうダメだ」と号泣し、頭を叩き頭髪をむしり始めたのです。「実家に連れ戻しているが、時々大声を出し興奮してこまる、また、家でぶらぶらしている姿を隣人にみられるのは耐えられない。格好が悪いといって外出もしない」という母親の訴えでした。

受診後数か月は、T大学への失敗にこだわり続けました。K大学も一流大学です。「希望した学部が違うのか」と問うと、「T大学でなければいけない。K大学でも医学部であったら自分を許せたかもしれないが、もうダメだ」と訴え続けました。薬物治療により、不眠と急に大声を出し興奮することはなくなり、そこから彼の本来の治療が開始しました。

一流大学症候群はCさんのように、小学低学年から仲間と遊ぶことや経験してみたかったスポーツをあきらめ、塾に通い希望の有名進学校に入学したが、希望の一流大学受験に失敗し、不本意な大学（一般には、人もうらやましく思う一流大学）に入学した学生に多く見られます。

三　大学に入って初めて人と話す必要を感じた学生

受験教育が長期化させた場面緘黙症

子どもの心の病で、早期に適切な教育的介入を行なうことが大切であるといわれる場面緘黙症があります。その場面緘黙症が長期化し、大学まで続いていた学生と長く付き合った経験があります。

事例4　場面緘黙症【Dさん、二〇歳、男子、大学生】

Dさんは、生来おとなしく友達づきあいは少なかったとのことです。しかし、健診においても言語などの発達の遅れを指摘されたことはなく、家では普通に話していました。性格は几帳面でそれまで宿題を忘れることはなかったのですが、小学四年生のある日、勘違いから宿題を忘れてしまい、放課後一人残って宿題をやることを命じられました。ところが、先生が多忙のあまり、彼に居残りを命じたことを忘れてしまい、彼が暗い教室で一人座っているのを宿直員に発見され家に帰されたという出来事がありました。彼はその日以来、学校で話さなくなりました。さらに会話場面を避けるため、集団活動にもまったく参加しなくなってしまいました。それが、大学まで続いていたのです。

私とDさんとの出会いは、彼が大学二回生のときでした。母親に連れられ保健管理センターの私の元を訪れました。

大学に入学後、彼は毎日学校に通っていました。一回生のときは語学と体育以外はすべて優秀な成績を修めました。母親は喜んで安心していましたが、二回生の前期の成績をみて驚きました。受講した全教科の単位が取れていなかったのです。母親が問いただしたところ、その理由が明らかになりました。

一回生のとき、語学の授業でDさんは先生の質問を受け、一言もしゃべらず（しゃべれず）立ち往生してしまいました。担当の教員は何度も返答を求めましたが、彼が黙して語らなかったため、その先生は「お前は生意気だ」と怒りを露わにし、叱責したというのです。それ以降、必死の思いで出席していた語学の授業に出席できなくなりました。二回生に入っても語学の教室に入ろうとすると体が硬直しどうしても出席できず、次第にすべての講義に出席できなくなりました。それでも毎朝定時に家を出て、図書館や駅前の本屋で時間をつぶしていたそうです。母親は、高校までのように大学への送り迎えを開始しましたが、次第に彼は部屋から出なくなってしまったとのことでした。

私はDさんの入学までの生活を詳しく聞くことにしました。Dさんは、小学四年時に場面緘黙状態となりました。それ以後、学校では話さず、体育の授業にも参加しなくなりました。学校側は事態の深刻さに気づき、早速、学校カウンセラーに相談し、場面緘黙症（選択性緘黙症）としての対応が開始されました。

彼は一時不登校となりましたが、手厚い学校側の対応で数か月後には母親に送り迎えしてもらい登校を再開しました。しかし、Dさんは小学校で終始クチを開くことはありませんでした。皆勤出席、成績は常にトップクラスで体育は免除され、やがて進学で有名な中学校に入学しました。不登校の再発を恐れた小学校担任や母親は、場面緘黙の詳細を中学校に伝えました。しかし、担任やスクールカウンセラーの努力にもかかわらず、それ以後も彼は学校で話すことはありませんでした。常にペーパーテストはトップクラスで英語の会話と体育の授業は免除され、おとなしいが優秀な生徒としてその評価は高校卒業まで続きました。

高校三年時の進学相談の内容が、彼の中高での姿を物語っています。大学進学を決める三者面談がありました。母親はしゃべらない彼に変わって、地元大学の理系学部への進学を希望していることを伝えました。一方、彼は理学部数学科への進学希望を常々書面で伝えていました。それを受けて担任は、なぜ和歌山大学なのか、成績からすればもっと偏差値の高い有名校へ入学が可能だと告げたそうです。

母親は困って、彼は高校に入学後も一言も家庭以外では話していないこと、さらには毎日学校への送り迎えをしているので、一人暮らしは不可能だと思うと説明しました。担任の先生はそのときようやく彼の状態を思い出したそうです。一日も学校を休むことなく、ペーパーテストは常にトップクラスの超優等生であるが、母親に毎日送り迎えしてもらい、学校で話す相手が一人もいなかったことを先生は忘れていたのです。そういった経過で、私の大学に入学してきたのです。しかし、入試時の健康診断書や入学時の健康調査票でも場面緘黙症について一言も触れられていませんでした。そのことを尋ねると、「このことを言えば入学させてもらえない、と考えたからだ」と母は後で語っています。

ここで少し場面緘黙症について説明しておきます。

場面緘黙は、ある特定の場面でだけまったく話せなくなってしまう状態です。二歳から五歳の間に発症することが多いと言われています。しかし、多くの場合はもう少し大きくなってから気づかれます。自宅では家族と普通に会話をしていても、学校や幼稚園など家の外では、まったく、あるいはほとんど話さないというケースが多くみられます。そして、その時点で振り返ってみて初めて、その子が非常に内気で集団での遊びに入りたがらなかったりする傾向が強かったことに気づきます。

また、行動面や学習面などでは問題をもたないことが多く、普通は適切な教育的介入によって一、二年で場面緘黙を克服する良好な経過をたどります。しかし、効果的な教育的介入を行なわないと、高学年になるまで継続することがあると言われています。場面緘黙児を青年期や大人になるまで長期に追跡した調査は少ないのですが、子どものころに場面緘黙の治療を受けたことがある成年や大人のうち、半数は成人後何の問題もないが、残りの半数は同年齢の一般の人たちに比べて「自信が無く、自立心に欠け、大人になりきれていない」との報告があります。

アメリカの精神医学誌 The Journal of the American Academy of Child and Adolescent Psychiatry の二〇〇二年の調査は、場面緘黙症の発生率は一〇〇〇人中七人としています。場面緘黙症は、ある状況では話すことができるにもかかわらず、特定の状況、例えば学校のように話すことが求められる状況では、一貫して話すことができないのが特徴です。この障害によって、学業や職業上の成績、あるいは社会的な交流をもつ機会を著しく阻害されます。

Dさんは、場面緘黙症が慢性化した典型的なケースです。しかし、このケースは病気としてのみならず、さまざまな側面から問題を提議してくれます。第一に、小学校では熱心に介入がなされていますが、進学校である高校では勤勉かつ優秀な生徒であることから、彼が抱える場面緘黙が忘れ去られていたことです。優秀な学業成績を評価されることにより、彼も安定した生活をおくるようになっています。しかし、大学になって初めて話す必要性を感じ、必死になって話そうとしたがすでに困難であり、やがて唯一の心の支えであった学業でも自信を失い、Dさんは自宅にひきこもってしまったのです。

学校に通っていたころは、家では何でもよく話し、テレビ番組の内容や政治批判などをよくしていたそうです。しかし、授業に出なくなったころから家での言葉数も日に日に少なくなっていました。私は、話さなくてもいいから私の部屋に遊びに来ること、そして、彼が不登校の契機となった語学では会話の免除、また一番苦手な体育でも病気により実技に参加できない学生の特別クラスがあることなど具体的な配慮のあることを、母親から彼に伝えてもらいました。数週間後に彼は私の元を訪れ、一〇年以上にわたる長い付き合いが開始しました。大学でひきこもった学生で、Dさんは最も回復に困難に感じ、かつまだ十分に解決できていない数少ないケースです。

このころは、まだ和歌山大学方式のひきこもり回復支援プログラムは完成していませんでしたが、ほぼ現在のプログラムと同じ内容で対応していたと思います。ひきこもり回復支援プログラムにのっとり、この事例を考えてみましょう。

ステージⅠ……何回かの母親への働きかけで、比較的容易にDさんは、母親に連れられ私の元を訪れるようになりました。家庭での彼の話す姿を確かめようと、何回か家庭訪問したのですが、一度も彼の声を聴くことはかないませんでした。

ステージⅡ……一人での受診や生活範囲を広げるため、SSRI（選択的セロトニン再取り込み阻害薬・抗うつ薬）を使用し緊張を緩和するために薬物療法を実施しました。筆談での会話を通じ精神療法を試みました。

ステージⅢ……バーバルな（話し言葉による）コミュニケーションにこだわらず、生活範囲や人間関係を広げることに目的を絞りました。最初は、筆談やパソコンで私とコミュニケーションをとっていました。しかも、しばらくは第三者を誰も近寄らせないとかたくなな姿勢を崩しませんでしたが、二人の輪の中に、センターに出入りしていた学生を導入しました。卒論の情報収集や資料整理をDさんに手伝わせたのです。彼はもちろん一言も話しませんでしたが、私を介してではなく、学生の頼みに直接応じるまでになりました。それを突破口に、Dさんのパソコン作業の場に入っていく学生の数を増やしていきました。

ステージⅣ……データ入力作業能力は極めて正確であり、言葉を話さなくてもいいという条件で、外部の仕事を受けるようになりました。幸運なことに、現在、仕事の注文やその説明に関するやりとりも、メール上で可能となりました。

この結果、まだ家庭外で言葉を話しませんが、コンピュータ作業で能力を発揮し、他の学生たちが大勢いる中でも逃げることなく作業を続け、笑ったり、周囲が騒がしいと怒った表情をみせ、警告文を大きな文字でプリントし掲げたりするようになりました。そして、家庭内では再び活発に話し、一人で買い物にも出かけています。唯一の心残りは、まだ彼の声を聞いていないことです。

これら四事例は、若者のひきこもりの流行を予言しています。彼らと付き合っていて、自己確立や社会の矛盾を感じ闘争に明け暮れしていた私たちの世代と時間の経過を痛感させられました。一般的に、私たち七〇年代の若者の行動特徴は〝反〟社会的であったといわれるのに対し、現在のひきこもる若者の特徴として〝非〟社会的行動があげられます。

しかし、私は一概にそうとは言えないと考えるようになりました。若者たちの中に、ひきこもることが反社会的行為だと主張する若者も多いからです。現在の社会体制に、会社社会や受験社会に新たな手段で彼らなりに抵抗しているように感じることがあります。彼ら若者の中に、「ひきこもることによって、僕たちは日本の経済を破壊するのだ」と少々自嘲的に語るものが多いからです。私も同感です。ひきこもりは、現在の若者の苦悩の表現形式のひとつであることには間違いありません。しかも、その行動はネットでつながった集団的ストライキであり、日本の経済成長を確実に破壊する手段となりつつあると思えるからです。インターネットとひきこもりの関係は第七章で詳しく述べたいと思います。

第三章　優等生のひきこもり

一　アパシー全盛期へ――一九八〇年代

最近マスコミの取材が多くなりました。そして、そのたびに、なぜひきこもりに興味をもつようになったのか訊かれます。医学部を離れ和歌山大学で学生たちとかかわり始めたのは、一九八二年のことでした。今になってようやく、実は私はアパシー・ドクターであったことに気づきました。高校二年生のときまで私は工学部への進学を考えていました。ところが、友人が勧めた小説が、スポーツ以外には趣味がなかった私の生活を一八〇度方向転換させたのです。

不幸にも同級生が顔色を変えて受験勉強に打ち込み始めたころです。受験勉強の遅れに苛立ちながらも、私は小説のおもしろさに魅せられ読みふけり、最悪なことに私の天職は何であるか、人生をいかに生きるべきかなどと少々遅ればせながら考え悩み始めたのです。遅すぎる思春期の到来です。そして、文学部に進学しようと決意したのですが、時すでに遅く、入試に突入してしまいました。

違和感をもった工学部への進学を断念した私は、理科系で非機械的な学部という理由だけで医学部を受けてしまいました。文学青年を目指して熱くなっていた私は、予備校に向かおうとしていました。親が依頼した高校の担任の説得で、私は予備校の選択を断念し、現在ではよくある不本意入学者として医学部での生活を開始しました。

入学後も小説を読みふけり、お金がなかったので絵を描き近場を放浪する学生となりました。私は医学部を退学する勇気も経済的な余裕も持ち合わせていませんでした。さらに不幸が重なりました。不届きな興味で読み始めていたチャタレー夫人の恋人で有名なデイヴィッド・ハーバート・ロレンスの一冊の短編集により、私は神秘的なマヤ文明の虜となったのです。そして、マヤ文明滅亡の謎を解明するのだと意気込み、マヤの地へと旅立ちました。もちろん費用は、学業をさぼってアルバイトで捻出しました。

医学部卒業時も、マヤ学が続けられるとの条件で精神科を選びました。そして、医者として働きながらこころはマヤ学者でした。実際、メキシコやグアテマラで得た仲間たちは、私を二〇年間以上考古学者と勘違いしていました。医者でありながら、医者になりきれないアパシー・ドクターを続けていたのです。そして、マヤ学を天職と考えた私は、当時の神経精神科教授の「マヤ学を続ける最適な暇な仕事場がある」との甘言を真に受けて、現在の職場へと移ったのです。

そこで、私を待ち受けていたのが当時マスコミを騒がせていたスチューデント・アパシー（学生無気力症候群）と呼ばれる学生たちでした。入学したものの、その大学での勉強には興味がもてず、本来の専門外の書物を読みふける、あるいは、アルバイトやクラブ活動に精を出す学生たちでした。

私は講演で、貧しい生活を切り詰め進学させてくれた両親への感謝の気持ちから、大学生活を続けたことのみを語るのですが、実はそんな親に後ろめたさを感じながら医学の勉強をないがしろにするアパシー・医学生、そしてドクターでした。

ただこのとき、私がアパシー学生に共感を覚え、さらに三〇年もの長きにわたり、アパシーやひきこもり問題と取り組むようになった出発点はここにあったと考えています。

二　青臭い哲学者

スチューデント・アパシーは、青年期後期から成人期にかけての主に男性に多くみられる無気力反応を意味します。米国でウォルターズ（一九六五）が「スチューデント・アパシー」として最初にまとめました。わが国では一九六〇年代後半、大学紛争たけなわのころに丸山文夫が「意欲減退学生」として注目しています。また、笠原嘉（一九七八）は中学生からサラリーマンまで広く見られる無気力現象であるとして、臨床単位としての「退却神経症」をまとめています。

クラブ活動やアルバイトは普通にできるのに、家や下宿を出ようとするとおなかが痛くなったり、途中で気分が悪くなり授業や試験を受けられない、困難な問題にぶつかると失敗を恐れ、対決して解決するのでなく回避しようとする傾向の強い学生に多くみられるのが特徴です。見方を変えれば、自己確立に苦悩する好ましい若者の姿でもあります。そして、その病態の特徴は青年期の延長・幼児型成熟であり、青年期の心性が色濃く反映していると考えています。

事例5　スチューデント・アパシー（学生無気力症候群）【Eさん、二二歳、男性、大学生】

Eさんは登校時の胃腸の不快感を訴え保健管理センターを受診しました。私が「精神科医であり、不登校状態が長く続いていることが心配だ」と告げると、彼は「心理学や精神医学を勉強したので精神科医の助けはいらない、下痢や腹痛をだけを治してほしい、胃腸がよくなればこの大学の授業や試験は簡単にクリアできる」と生意気なことを言うのでした。そのくらいで素直に帰らしては私のプライドが許しません、そこで「どのような本を読んだのか、私は怠け者であまり勉強もしていないので教えてほしい」と頼むと、饒舌に心理学の知識を披露し始めました。確かに読書量の豊富さには驚かされました。和歌山には大きな本屋もないので大阪で専門書を入手し、本屋への往復は特急を利用する恵まれた生活を送っていました。何か月か心理や精神医学について話をするうちに、やっと「卒業できないのではないかと不安だ」と本心を打ち明けるようになりました。

医師である両親の長男として彼は生まれました。有名進学校での成績は優秀。医学部進学を希望していましたが、センター試験の成績をみて本学にとりあえず入学したとのことでした。入学後、六月ころまでは講義に出ていましたが、それ以後アパートにこもり受験勉強に精を出すようになりました。しかし、医学部を再受験することなく二回生となり、それからは受験勉強にも熱が入らず、下宿にひきこもり好きな本を読む以外は外にも出なくなっていました。四年間、一度も医学部を再受験していません。

受診時は胃腸の不快感、抑うつ気分や対人緊張を認めました。長く誰とも話していないため、面接を待っている間に他の学生が入ってきて話しかけられると、上肢をブルブル震わせていました。少量の抗不安薬と抗うつ剤の投与で、数か月後に受講は可能となりましたが、それからが大変でした。試験前になると不登校となり、試験が終わると何事もなかったように私の部屋に現われることを繰り返していました。さすがののんびりやの私も痺れを切らし、試験が近づくと下宿を訪問するようになりました。そして、私が連れ出しに行くと試験を受け、彼の言うように優秀な成績を収めるのです。何回か訪問した後、試験が近づいているのに忙しくて彼を迎えにいけなくて困っていると、その場に居合わせた、少し元気すぎる学生Fが「俺に任せろ」と出迎えに言ってくれました。

Fさんは、むしろ男前のほうでしたが、自分の顔が醜いと何度か整形手術を試み、ご両親を困らせていた学生です。いわゆる青年期によく見られる醜貌《しゅうぼう》恐怖症でした。二度目から手術を拒否する母親との関係が悪化し、その初期によくあるように、「こんな醜い僕を生んだ母親が憎い」と攻撃を繰り返していました。そのうち事態はさらに深刻化して、「あいつは本当の母親ではない（家族否認）、本当の母親はアルバイト先の奥さんだ」と信じ、その家に住み込むようになってしまい、連れ出しに行ったことがある学生でした。治療を開始後、Fさんはトップクラスの成績を収め、大学院への進学をゼミの先生から勧められるようにまでなりました。

この彼が、「先生忙しそうだからいいよ、俺がEを連れてきてやる」と出かけるようになったのです。今日はおなかが痛い、二日酔いで頭が痛いといったふうに、何か口実をつけて部屋にこもろうとするEさんのアパートに毎日押しかけるようになりました。しかも、Eさんのプライドなどお構いなしに、言い訳には「また甘いことを言っている。結局お前は試験に落ちるのが怖いのだろう」と、ズバリ一言、後は問答無用で連れ出そうとします。言い訳が通じないことを知ると、うるさいFさんから逃げるように彼は試験の日にも出てくるようになりました。

Eさんいわく、「Fさんをよこさないでくれ、うるさくて迷惑だ。彼を派遣されるくらいだったら自分で出て行くから」と。それからは集団療法[11]にも積極的に参加するようになりました。彼の知識は豊富で、会話の場をいつも独占していました。それでも少し気を緩めると不登校を再開してしまいます。すると、その少々騒がしい友人（アミーゴ）が、素早く下宿に向かう。その繰り返しが続きました（「アミーゴ」については一三五ページ参照）。

一〇年の在学の後、単位を取得し、卒論を仕上げEさんは無事就職して大学を去りました。就職後に、Eさんとはよく家族ぐるみで食事をしました。私の子どもたちと一緒に、Eさんの大好きな回転寿司に行くと、彼はいつも高い皿に手を出すのです。子どもたちは、その姿を横目で見ながら指をくわえ、ひたすら一番安い皿の寿司だけを食べ続けるのです。子どもたちは、そのように母親から命じられています。もちろん、Eさんが就職してからも支払いは私です。

スチューデント・アパシーの症状は、思春期の心理特徴をベースに社会、文化的影響が強く反映して形成されています。Eさん・Fさんはいずれも思春期特有の対人関係での困難さや潔癖さへのこだわりをもっていました。Eさんの部屋はうす汚く、ゴミだらけで足の踏み場もありませんでした。そのくせ外出時には一、二時間シャワーを浴びて体を洗わないと外出できないのです。思春期にはこだわりが強くなり、彼のように清潔さへのこだわりが強くなると、かえって掃除に手が付けられなくなります。完璧にしなければならないと考えるあまり、掃除を開始するまでに疲れはててできなくなってしまうのです。彼の部屋は、ドアから彼が横になる場所までのひとすじと彼の体が入る空間（畳）だけが、積みあがった埃の中でくっきり浮かび上がっていました。また、Fさんのように、鼻、口元、歯並びなど外見が気になって、対人関係が困難となるのも思春期の特徴です。

そして、スチューデント・アパシーはEさんのように親の顔色をうかがい、まじめ一途に受験勉強に取り組んできた、受験社会に過剰に適応してきた優等生に多くみられます。プライドが高い反面、意志力が弱く、困難な問題に直面するとそれを回避しようとする傾向が強くみられます。あらかじめ負けることを嫌い、競争から降りてしまうのです。結局、彼は一度も医学部を受験していません。そしてかつてはこの逃げ場を、クラブ活動やアルバイトに求めるのが普通でしたが、最近では、ゲームやインターネットに求める学生が増えてきました。その結果、学業からの部分的退却であったはずの彼らの不適応は、社会生活全般からのひきこもりへと、より深刻化しつつあります。

（11）集団療法

同じような問題・悩みをもつ人たちが集まり、お互いを理解し、意見交換をしていく中で、問題解決の支援をしていこうというものです。一般的に一〇人程度の小グループに、セラピストが一人から二人参加して四〇分から九〇分ほど話し合います。一対一の個人カウンセリングとは違って、グループ独自の機能と特性を活かしたアプローチであり、似たような悩みをもった人たちが集まり話し合うことで、悩みを共有することができ、鏡のように他人の中に自分を見たり、自分との違いを認識したりすることで人間関係の理解やコミュニケーション・スキルの上達にもつながります。

三　自助グループ老賢人会の誕生

このEさんやFさんが毎日のように私の部屋にやってくるようになると、他の学生も集まり始めました。その後、クラブ活動は熱心に続けキャプテンまで務めたが四年間で一単位も取れなかった学生、恋愛や海外旅行には熱心であったが授業には足が向かない学生などなど、卒業はしたいのだがどうしても授業に出られないと悩む学生が、私の元に次第に集まるようになり、自助グループ「老賢人会」が誕生することになりました。

この老賢人は二つの意味をもちます。一つは、自分たちは六、七年と大学に居座り歳を取っているが、四年で卒業する連中よりも知的なのだという意味です。もう一方は、きっと彼らが求め続けていたのであろうユングの心理学におけるオールドワイズマン（老賢人）、つまり無意識下にある父親像、男性の理想像であり現実社会の社会的権威を超えた仙人のようなイメージです。

アパシー学生には、問題が生じるとそれと対峙して解決しようとするのではなく、回避性傾向が強くみられます。また、どうしようもなく生意気なクチを利きます。しかし、よく考えると負け戦には参加しない賢者であるという、彼らなりの理由はある意味では当を得ています。なぜか私は、アパシーの生意気で知的な学生に腹を立てる気にはなりませんでした。その理由は今でもよくわかりません。

彼ら老賢人の仲間たちとの付き合いは、一〇年以上に及びました。酒を酌み交わし激論したり、キャンプや合宿研修会などの活動をしたり楽しく活動を展開できました。そして、彼らは卒業して社会に出るまで平均的に六、七年、最長で一三年とゆっくりにはなりましたが、無事に私の元を去り自立していきます。私の研究室の一角には、まだEさんの陰影が強烈に焼きついています。

そんな良き時代もやがて終わりを告げます。自助グループも老賢人会は野暮ったいとの意見が強くなり、アミーゴの会と名称を変更しました。そして、社会的ひきこもりの登場です。少なくとも、このころまで私のもとに集まってきた若者たちの眼差しは輝いていました。思春期の未熟な香りをむんむん漂わせていましたが、大人へと成長しつつある気配を感じさせました。もちろん彼らの肌は、夏のまばゆい陽光を反射するビーチオイルの艶やかさを感じさせません。

しかし、このあとに私のもとに集まり始めた、社会的に長期間ひきこもった若者の表情や仕草は、それまでの生活がひどく疲れたものであることを感じさせるようになりました。

自助グループ老賢人会の役割

一九八二年から一〇年間の間に自助グループ・老賢人会が関与した不登校学生は三七名でした。私は大学版の不登校学生を五タイプに分類し（詳しくは八七ページ）、老賢人会がどのタイプの不登校学生に効果を発揮しているのか検討しました。

老賢人会が関与した三七名中で、自助グループ定着者は一六名（四四パーセント）でした。自助グループへの定着率をみますと、不安型で低く、アパシー型で高くなっています。不安型は、症状が短期間に消失するため、本人ばかりか治療者がその必要性を感じなかったか、あるいは気づかなかったことによると考えられます。アパシー型では、本来活動性が高く豊富な知識や経験を披露する場を求める傾向の強さを反映しているように思われます。改善がみられなかった二名は、中学・高校時代におとなしい優等生とみなされていましたが、イジメなどで人間関係の構築に失敗するか、あるいは断念してパソコンでの仮想の現実で独自の世界をすでに確立している学生でした。

最近、不安症状が中心である社会的ひきこもり学生が増加しています。そして、そのほとんどの事例において、約半年以内に症状は消失し、比較的容易に再登校が可能となり卒業にいたるため、私は当初予後良好と考え、集団療法や自助グループへの導入の必要性を感じていませんでした。しかし、長期にわたり経過を観察していますと、社会参加にあたり深刻な問題が生じていることがわかってきました。これらの事例は、他のタイプのひきこもり学生以上に社会的成熟度において未熟であり、本来仲間づくりへの導入が必要であったのです。この経験を踏まえ、このタイプの学生には再登校が可能となった後も必ず集団療法や自助グループの活動に参加をさせるようにしています。

いっそう強くなる対人関係の困難さ

一方、アパシー型、強迫型、そして人間不信型の不登校学生では、対人関係で強い困難性を抱えているため、薬物および個人精神療法による治療では限界があり、比較的初期から自助グループの利用を積極的に勧めていました。

アパシー型の特徴は受験社会に過剰に適応してきた優等生に多く、性格的には軽度の強迫性がみられ、プライドが高い反面意志力がやや弱く、困難な問題にぶつかると失敗を恐れ、対決して解決するのでなく回避しようとする傾向が強くみられます。そして、かつてはこの逃げ場を、クラブ活動やアルバイトに求めるのが普通でしたが、最近ではゲームやインターネットに熱中する学生が増えています。しかし、その多くの内的エネルギーは豊富で、自助グループのような孤立を避け社会参加の機会をもたらす場があれば、時間を要するものの自分の力で自己確立をはかり、不適応状態から脱することがわかってきました。

人間不信型のひきこもり学生は、長期間にわたるイジメなどから、自己の感情を押し殺し、無表情な仮面をかぶっていることが多いです。一見礼儀正しく、また規則正しく登校し、それで家庭内暴力など問題行動が表面化するまで、社会からのひきこもりに親も気づいていないことがほとんどです。この場合、イジメ体験などによる心の傷を共有する、少人数での集団療法からのスタートが不可欠です。

今日、ひきこもりは学業からの選択的ひきこもりから、社会生活全般からのひきこもりへと深刻化しつつあります。学歴を重視する社会風潮の中で少年期に友達と遊ぶ機会に恵まれず、人間関係づくりが稚拙なままの時代に思春期を迎えた若者です。煩わしい人間関係を避け、仮想空間の中での遊びに、楽しみを求めようとする傾向が強くなっています。特に、バーチャル・コミュニケーション依存度の強いひきこもり学生は、自助グループへの導入に抵抗を示したことからも、異なりました。対応が必要と考えられます。

このように、ひきこもりの主たる原因は人間関係の構築の失敗にあると考えられ、ひきこもりタイプにより自助グループへの導入時期には注意が必要ですが、ひきこもりの根本的な解決に自助グループは有効に機能していることがわかりました。

ひきこもり回復支援プログラム完成以前に、老賢人会はセンターが関与した不登校学生の四四パーセントのサポートにかかわっており、八五パーセントの学生が卒業し社会参加しています。ひきこもりからの脱出や再発の予防に老賢人会の活動が効果を発揮していることがわかってきました。

四　優等生の仮面をかぶったひきこもりの登場

事例6　社会的ひきこもり（人間不信型）【Gさん、二二歳、男性、大学生】

「父親に腹が立つ。母に暴力を振るってしまう。家の中が滅茶苦茶だ。その上、外を歩いていると人を殺したくなるので思い切って相談にきた」と訴え、Gさんはセンターを受診しました。

大学での生活を聞くと、「二年間は高校の勉強の延長のようで、単位はすべて簡単に取れた。授業を一日も休むこともなかった。しかし、三回生になってからは講義に出たくなくなってきた。論述式のレポートが増えおもしろくなくなった。次第に講義の内容も頭に入ってこなくなった」と答えました。

それでも、親にそのことを知られたくなかったので、毎日、定刻に家を出て、学校に来て、また家に帰るだけの生活を続けていました。最近は、図書館で過ごす時間が多くなっていましたが、前期の成績に不振を抱いた父親に問い詰められ不登校がばれてしまいました。

それ以来、母に暴力を振るうようになり、しかも、外を歩いていると、無性に人を殺したくなる。最近、新聞やテレビでよく報じられているように理由もなく人を殺してしまいそうで怖くなって受診したと訴えました。丁度、一七歳のひきこもっていた若者の理由なき殺人事件が、マスコミで騒がれていたときのことです。なぜ、人を殺したくなるのか理由を聞くと、「なぜかわからない。殺された人がかわいそうとは思わない。運が悪かっただけだ。むしろ、この思いを実行する人がいるのだと拍手したくなる」と述べるのです。さらに、母親に暴力を振るうときに、昔の嫌なことを思い出すと言うので、そのことをきっかけに彼の生活歴を聞いていきました。

Gさんは両親とも教育者の家に生まれました。経済的にも恵まれていました。両親の期待に答え、小学校から有名私立中学校に進学するため塾に通い、友達と遊んだ記憶すらないとのことでした。特に理由はなく、ただ遊ぶ時間や場所がなかったので、親しい友達もできなかったそうです。

中学校では、殴られ、物を隠され、そして、お金を巻き上げられというひどいイジメにあいましたが、それでも耐えて毎日学校に通い、勉強だけはしっかりとしていました。それは、良い高校に入りたかったからで、また成績がよければ母親は喜び、いい高校に入ればイジメがなくなると思ったからだと後に語っています。

しかし、高校でも陰湿な嫌がらせが続き、それを思い出すだけでも嫌だと最後までその内容は話してくれませんでした。「小、中、そして高校と楽しいところではなかった。勉強するところ。優しい先生や相談にのってくれる人はいなかった。しかも、大学に入ってからも他の学生と言葉を交わしたことがない」と語ってくれました。

以来、私と彼の長い付き合いが始まりました。

彼のトラウマ[12]に対し短期間の薬物療法と長期にわたる個人精神療法を実施しました。家族との相談も重ねた結果、家庭内暴力は数か月後にはなくなり、登校を再開しました。しかし、同世代への嫌悪感はその後も続き、自助グループの活動には終始消極的でした。優秀な成績で卒業し、就職後もひきこもることなく立派に仕事を勤め、現在も私との交流が続いています。

彼のように中学時代にひどいイジメを受け、こころを深く傷つけられ人間不信に陥った若者が、ひきこもるケースが九〇年代に多くなってきました。彼らの唯一の心の支えは優秀な学業成績です。その受験勉強でつまずいたときに、何気なくみせる母親の落胆した表情や失意の言葉により、彼らは生きている意味や存在自体を、否定されるように受け取ってしまいます。そして、彼らは殻の中に閉じこもってしまうのです。

人間不信型のひきこもる若者には、まず一人でいいからこころを許せる相談相手が必要です。もちろんGさんのように深刻なケースばかりではありません。イジメによりこころが深く傷ついていなくても、家庭環境が良かったり、成績が良かったりして、自己万能感が傷つかないまま育った優等生は、何かにつまずいたときに突然、ひきこもるということがよくあります。肯定的に考えれば、「自己万能感が傷つく」思春期の挫折体験は、「大人」になるための重要な過程であり、通過儀礼[13]として必要なのかもしれません。

（12）トラウマ
トラウマ（trauma）は古代ギリシア語で「傷」を意味します。本来は交通事故などの物理的な外傷による後遺症を含めた広い意味がありますが、最近では、トラウマというと心の傷、いわゆる心的外傷の意味で用いられることが多くなっています。心的外傷は、幼児虐待や児童虐待を含む虐待、強姦、戦争、犯罪や事故、いじめ、暴力、アカハラ、パワハラ、セクハラなどの悲惨な出来事、実の親によるDV、そして、大規模な自然災害などによる強烈なショックが原因となり生じます。

（13）通過儀礼
通過儀礼は、出生、成人、結婚、死などの人間が成長していく過程で、次なる段階の期間に新しい意味を付与する儀礼、例えば、成人式、結婚式、お葬式などのことをいいます。人生儀礼ともいいます。成人式により子どもから大人へ、お葬式によりこの世の存在からあの世での存在となるように、通過儀礼には新たな社会的役割を担うことを求める社会的機能と、心理的成長を促進する側面があると考えられています。ひきこもりの原因を通過儀礼の喪失と主張する研究家もいます。

第四章　ひきこもりと精神症状

一　社会的ひきこもりの登場――一九九〇年代

あるとき、現在の男性像を象徴するような光景に出くわしました。さまよえる若者たちの居場所「アミーゴの部屋」に、いつものように十数人の男子学生がカードゲームなどをしてたむろしていました。丁度そのとき、私の隣の部屋で学生サークルのラテンアメリカ研究会のメンバーが、大学祭に出店する模擬店で売るタコスの試作品を作っていました。それで女子学生の一人が鍋を探しにアミーゴの部屋に入ったときのことでした、その女性に気づくと十数人いた男子学生がスーッと部屋の片隅に移動し始めたのです。私は海の近くで育ったため、小さいころよく磯で遊びました。少し沖に出て小魚の群れに出会うと、私の存在を察知した小魚が、身を守ろうとして瞬時に移動を開始し大きな塊となりました。男子学生の行動をみて、その光景を思い出し微笑ましくなりました。

アミーゴの会は九割以上が男性で占められていますが、逆にラテンアメリカ研究会では女子学生が近年圧倒的に多くなっています。しかも、ラテンアメリカばかりか、アフリカなどの発展途上国に出かけて活躍するのも多くは女子学生です。確実に時代は変化していることを彼らの姿から実感させられます。

二　社会的ひきこもりは病気なのか？

ひきこもりはプライマリーか？　セカンダリーか？　社会的ひきこもりは病気か否かを論じるとき、さまざまな意見が出て収集がつかなくなってしまいます。もちろん、「ひきこもり」は病名でなく状態像を指す言葉です。

長期にひきこもっている若者がいます。その中には統合失調症や慢性のうつ病など精神病が原因でひきこもっている若者もいれば、発達障害、特に広汎性発達障害が原因でひきこもった若者もいます。発達障害を考えた場合、厚生労働省が二〇一〇年五月に公表した新たな「ひきこもりの評価・支援に関するガイドライン」（新ガイドライン）で、ひきこもる要因の三割近くを発達障害が占めると指摘しています。厚労省の定義によると、発達障害とは自閉症、アスペルガー症候群、その他の広汎性発達障害、学習障害（ＬＤ）、注意欠陥多動性障害（ＡＤＨＤ）、そして、その他これに類する脳機能の障害であって、その症状が通常は低年齢において発現するとされています。

さらに、精神医学的診察が行なわれれば、その時点で診断学的に社会不安障害などの神経症圏の病名や、人格障害などの病名がつけられることが多々あります。長期にひきこもるすべての若者に対し、精神症状学的に社会不安障害など何らかの病名がつけられるとする精神科医すら多くみられます。

事実、二〇一〇年二月に行なわれた新ガイドラインに関する内閣府により公表されたデータでは、全国五か所の精神保健福祉センターへ相談に訪れた「ひきこもり」の当事者一五二人を診断したところ、広汎性発達障害や知的障害などの「発達障害」が二七パーセント、「不安障害」が二二パーセント、「パーソナリティー障害」が一八パーセント、「気分障害」が一四パーセント、「適応障害」が六パーセント。また、「統合失調症」などの「精神病性障害」も八パーセント存在しており、合わせると「九五パーセントに発達障害なども含めた精神疾患が確認されている」としています。

ここで考えなければならないのは、社会的ひきこもりが登場してきた初期には、あまり精神科医や精神保健の専門家が関与していないことです。それで専門家の多くは、ひきこもり始めた初期の症状を把握できていないといった問題があります。精神医学関係者が、社会的ひきこもりに興味をもち始めるのは一九九〇年代の半ばになってからです。そのため数多くの精神障害や発達障害が主な原因でひきこもっていた人も、社会的ひきこもりとみなされ治療されず今日に至っています。

遅すぎた専門家の関与

二〇〇二年に私は、五年以上の長期にわたりひきこもった青年を対象とした訪問調査を実施しました。およそ三割は社会的ひきこもりとみなされ、治療されずに放置されていた精神障害で苦しむ人たちであることが明らかになりました。これらの精神疾患では、適切な治療がなされていれば、六か月以上ひきこもり状態が続くということはまず考えられません。長期化したひきこもりにみられる多くの症状は、長期間ひきこもった結果として生じたものです。つまり、二次的な精神症状と考えるのが妥当と思います。現に、ひきこもり初期から関与できた典型的な社会的ひきこもりのケースでは、初期には明らかな精神障害と断定する症状に乏しいケースがみられることも確かです。なぜ、このような事態になったかは後述します。

精神医学における国際疾患分類であるICD－10（WHOの「疾病及び関連保健問題の国際統計分類」）やDSM－Ⅳ（アメリカ精神医学会の「精神障害の診断と統計の手引き」）では、ひきこもり状態などの現象を症候群や障害ではなく症状と分類しています（ルビンら、二〇〇九）。

実際に臨床の場では、一例をあげれば社会的ひきこもりを統合失調症性人格障害、回避性人格障害、あるいはうつ病と鑑別することは極めて困難である（ヨー、二〇〇五）とする意見もあります。特に、思春期事例では社会的ひきこもりと回避性人格障害では、対人恐怖傾向が強いといった共通点から鑑別が困難といわれています。しかし、近年、精神医学的研究が進み、社会的ひきこもりとこれら人格障害との症状の違いが明らかにされつつあります。

例えば、社会的ひきこもりでは、社会生活や対人関係を回避し恐れ、そのような状況において不安や苦痛を強く感じているのに対し、統合失調症性人格障害では対人関係や社会的認知に対する欲求が少ないため、友人数が少ない傾向で、社会的関係が狭くても不安、うつ、心理的苦悩を生じることはそれほどありません。そして、彼らは拒絶を恐れるために他者との関係の構築に悩むが、誰に対しても親密さを示すことはあまりありません。一方、回避性人格障害は近親や友人に対しては親密さを示すことなどがあげられています。さらには、うつ病との鑑別においても、若干似た部分がありますが、社会的ひきこもりではうつ病のような身体症状がなく、外的状況に対する関心は保たれるなどの特徴も明らかにされつつあります。

三　ひきこもりが生じた社会的背景

ここで、私のひきこもりに対する考え方を少し述べておきたいと思います。

戦後、二〇年間で高校進学率は二倍に、その後の二〇年間で大学進学率も倍増しました。この高学歴化の過程で日本固有の受験文化が形成され、高学歴が人生での成功や幸せ、つまり、経済的成功（お金持ち）を約束するとの強固な価値観、妄想的といえる確信が創出されました。

社会的ひきこもりとは、この硬直化した価値観により若者が拘束され身動きが取れなくなった状態であると思います。つまりある社会、少なくともある集団が構築した妄想体系により創造された若者の病理現象であると考えています。

私たち精神医療関係者は、日常の診察の場で患者さんが妄想内容を語る場合、それが妄想だとよくわかるのですが、私たち自身が、私たちが所属する社会が構築する妄想体系にひとたび組み入れられてしまうと、組み入れられてしまっていること自体になかなか気づかないものです。私たちは、現代社会が構築した高学歴が人生での成功や幸せを約束するとの妄想体系に組み込まれていることに、そして、その中で若者がもがき苦しんでいることに気づけなかったのです。

この結果、高度経済成長や過剰な受験教育を社会的背景として、社会的ひきこもりは一九九〇年代に日本で急増し、韓国でも一九九〇年代から社会問題化していきます。

家庭環境をみても、中流以上の家庭に多く見られます。家庭環境の破綻は、ひきこもりが長期化した結果として生じることが圧倒的に多く、長男が過半数以上を占めるのは、家督を継ぎ親や家族を支えなければならないというプレッシャーが強い社会的要因を色濃く反映した結果だと考えられます。

統計的数値はさまざまですが、「ひきこもり関連施策」（二〇一〇年四月）によると、調査員の面接を受けた対象者四一三四人の中で、その時点で、「ひきこもり」状態の子どもがいると答えた世帯は約〇・五六パーセントあったとしています。最低でも、わが国の約二六万世帯にひきこもる若者を抱えていることが推測されます。

四　ひきこもりの精神症状の特徴

社会的ひきこもりは、六か月以上家庭内にこもり家族以外の人との交流を絶った状態を指します。そして、社会的ひきこもりの症状は多彩です。

まずひきこもり状態が続くと運動量の低下や、精神的刺激の低下が生じ拘禁精神病類似の症状が出現します。例えば、急性不安状態、突然の攻撃性爆発発作、自傷・自己破壊行動、そして、退行現象などです。退行症状には子どもがえり、だだをこねる、そして、ひきこもりの約半数に見られる家庭内暴力があります。

退行現象についてもう少し詳しく説明します。退行現象とは、いわゆる子どもがえりのことを指します。二〇歳前後の青年が、母親に幼児のような甘えた声で言い寄り、イライラするから助けてなどと言ってはまとわりつき、母親の体に触れようとするので困っているとの訴えをよく聞きます。極端になると、母親と一緒に風呂に入ったり、一緒の布団に入って寝ようとするケースがあります。この退行は、個人の病理としてではなく社会現象化しつつあります。あるとき、男子学生の祖母が、「自宅に帰りたいのだが、孫が心配で帰れない」と訴え、私のもとを訪れました。「一人でいると落ち着かず眠れず学校にいけない」と下宿生活し始めた孫が、毎日電話でＳＯＳを発し続けていました。そこで、三か月ほど一緒に下宿で生活をすることになりました。その間、孫は普通に通学していたのですが、一人にすると再び不登校となってしまったそうです。これに近いケースが多くなっています。このように子どもがえりは、親に対する年齢不相応な依存的態度と幼児的振る舞いのことを言います。この依存と退行的態度と親、特に母親に対する攻撃性は交互に繰り返す傾向があります。

これまで家庭訪問する中で、悲惨な家庭内暴力の場面に出くわしたことがあります。壁を叩いたり、大声をあげ家族を困らせるのはごく普通です。窓ガラスを割ったり、障子や中には壁を打ち砕いてしまった若者もいました。普通は依存対象の母親に暴力を振るい、止めに入った父親に殴り掛かるパターンが一般的です。ただ、これらの行動から、彼らの悲痛な叫び声が聞こえてきます。親に怒っているのではありません。理解されない苦痛の表現です。

この他、社会的ひきこもりには、次のような精神症状がみられます。第一は、思春期特有の対人関係での敏感性があげられます。多くの若者は親戚や近所の人に代表される世間から「ひきこもっている自分がどう思われるか」に強い不安と葛藤をもつように、つまり、世間体を極度に気にする状態が生じ、それが強くなると対人・社会恐怖症状や[14]関係・被害念慮にまで高じます。中でも日本では自己臭、赤面、そして視線恐怖などがよくみられます。ただ、このような対人困難はあるのですが、それほど重症ではありません。コンビニでの買い物などの外出にはそれほど抵抗感はなく、また、限られた相手や状況下で対人関係に困難をきたす人は少なく、長く続くということはありません。あくまでもひきこもりが長期化した結果生じる二次的な症状です。

無意味だと思いながらこだわることをやめられない、すなわち、強迫症状や強迫行為と観念が強くなるのも思春期の特徴の一つです。

次に、不登校やひきこもり状態になったことや、その結果、社会参加できていないことに対する挫折感や焦燥感から、抑うつ気分が強くなることもよくあります。しかし、うつ病とは異なり、うつ症状はうつろいやすく、また、取り返しのつかない絶望感を抱くうつ病と違い、やり直したいとの思いが強いのが特徴です。その他に、私のケースでは不眠や頭痛、腹部症状などの身体症状を訴えて受診する若者も多くみられます。

不眠では、昼夜逆転が圧倒的に多くみられます。八割以上にみられるとの報告もあります。不眠の原因は、自律神経のバランスの乱れから生じます。昼間何もすることがないので、パソコンやゲームをしたり、横になっていることが多くなります。こうして昼間の活動性が低下すると夜に眠れなくなります。そして、起きるのもだんだんと遅くなり、働いていないことや学校に行っていないことの引け目から、親に顔を合わせることを避けようとして布団にもぐっていることが多くなります。この結果、体内時計[15]がすっかり乱れ、不眠状態に苦しむようになるのです。

最近では、夜間のメールやネットでのオンラインゲームに集中しすぎ、昼夜逆転をきっかけに不登校となる学生が多くなっています。昼夜逆転の治療には、朝日を浴びての三〇分程度のジョギングが効果的です。もちろん頑固な不眠には睡眠導入薬などによる薬物療法も必要となります。

(14) 関係・被害念慮
「近所の人が自分の噂話をしている。悪口を言っている」などと、周囲の人のごく普通の会話を自分と関係づけて(関係念慮)、悪意をもっている(被害念慮)と考えることです。
(15) 体内時計
人間には一日二五時間の体内時計(サーカディアンリズム)が備わっています。約二四時間周期で変動する生理現象で、動物、植物、菌類、藻類などほとんどの生物に存在しています。人間の場合は朝の日の光で一日二四時間の生活に調節されます。普通、体温が低いときに眠くなり、体温が高いときに活動的になります。体内時計は睡眠時間だけでなく、体温・血圧・成長ホルモンなどを調節しています。光が生体時計を調節する能力は位相反応曲線に依存するといわれています。睡眠・覚醒リズムの位相によって、光は生体時計を前進させたり後退させたりします。体内時計は夜に強い光を浴び続ける生活や、暗い部屋で起床し、十分に光を浴びない生活が続くと、リセット作用が悪くなり、狂いが生じ不登校、睡眠障害や感情障害が生じるといわれています。

五　社会的ひきこもりと関連する精神的問題

私は、社会的ひきこもりの原因の一つは、人格形成やソーシャル・スキル形成過程でのトレーニング不足であり、そして、未熟な社会的スキルにより社会に不適応をきたし、ひきこもってしまったと考えています。そして、後述するそれぞれのタイプは、彼らの社会的スキルの発達が「どの段階でどまっているか」により決定されると考えます。

国際学会で社会的ひきこもりに関して、私はこれまで二回発表しましたが、二〇〇七年にチェコで始めて発表したときは、診断の過ちであり統合失調症の自閉状態でないかとの批判が寄せられました。ところが三年後の二〇一〇年のモロッコの学会では、ローマ字表記HIKIKOMORI(social withdrawal)で説明もなく通じるようになりました。一般的に、欧米では対人恐怖症と同様「日本における文化特異的な恐怖症、あるいは社会不安障害の亜型」と考える傾向にあります。

ここで社会的ひきこもりと鑑別に頭を悩ませる精神疾患について簡単に説明します。

社会恐怖、あるいは社会不安障害

ひきこもる若者は社会に出たいと思いながらも、社会に出て人とコミュニケーションをもつことに強い不安や恐怖感を抱いています。精神医学の国際疾患分類における「F40.1　社会恐怖［症］Social phobias」との鑑別が必要となります。

社会恐怖は青年期に好発し、他のほとんどの恐怖と異なり男女同じ程度にみられます。そして、店、雑踏および公衆の場所に入ることを恐れる広場恐怖とは異なり、主に比較的少人数の集団内で（雑踏とは対照的に）他の人びとから注視されることを恐れます。見知らぬ人や少し顔見知りの人との会話場面、発言やスピーチするとき、目上の人との会話、人前で文字を書く、人前でご飯を食べる、会食やパーティーなどで不安恐怖状態となります。

例えば、頭が真っ白になり何も答えられなかったり、声が出なくなる、手足が震え、めまい、動悸、口が渇く、冷や汗が出る、吐き気、胃がむかつくなどの症状が出ます。人前での嘔吐の恐れ、赤面、手のふるえ、あるいは尿意を頻回訴えることも多く、また、ある文化内では直接目と目が合うことが主なストレスとなることがあります。そのため、人との接触や、社会活動を避けるようになり、極端な場合はほとんど完全な社会的孤立にいたることがあります。また、慢性化するとうつ病やパニック障害などを併発します。

社会恐怖は通常、低い自己評価と批判されることに対する恐れと関係しています。そして、時として不安の二次的な発現の一つにすぎないものを、一次的な問題と確信していることも多くみられます。

人格障害

最近では、ひきこもりのケースに「回避性人格障害」という診断名を用いる精神科医が多くなっています。確かに、アパシー学生にこの回避性人格障害の特徴が強く見られますが、ただ、私自身は、まだ人格的にも成熟の途上にあるとみることもできるひきこもり事例を、「人格障害」という固定的な見方でとらえることには疑問をもっています。臨床場面では多くの場合、この診断名は、治療がほとんど不可能と思われるような問題行動のパターンに対して与えられることが多いからです。

では、人格障害とはどういった病気なのでしょうか？　人格障害は一〇タイプに分けられます。共通する特徴として指摘されている点は、文化的背景からの影響によるものではない、柔軟性に乏しく、個人的・社会的状況にかかわらず幅広くみられる、そして、そのパターンは安定して長期間にわたり持続しており、子ども時代にまでさかのぼることができるというものです。その他に、問題が起こっていても内面的に葛藤せず、社会や状況や他人のせいにするという特徴があると言われています。

社会的ひきこもりと主だった違いは、ひきこもりや回避傾向が子ども時代から一貫してみられるケースは少なく、むしろ思春期においてなんらかのきっかけでひきこもってしまうケースが多いことです。

また社会的ひきこもり事例における回避傾向は、ありうるとしてもほとんどの場合はきわめて状況依存的です。すなわち、ひきこもっている最中に回避傾向が顕著であっても、ひきこもり状況から脱したあと回避どころかむしろ積極的、活動的になっていく人が多くみられます。

回避性人格障害または回避性パーソナリティ障害（Avoidant Personality Disorder: APD）。

広汎にわたる社会的な活動の抑制、「自分なんかふさわしくないという感覚」「否定的な評価に対する過敏さ」「社会的な交流の回避」などにより特徴づけられます。そして、自分は社会的に不適格で魅力に欠けていると考え、笑われること、恥をかくこと、排除されること、嫌われることなどを怖がり、そのために、社会的な交流を避けようとします。自分は孤独者であると考え、社会から取り残されている感覚をもち、以下のうち四つ以上の傾向がみられることが、ＤＳＭ－Ⅳの診断基準を満たす条件となります。非難、反対意見、排除を怖れるあまり、人との接触の多い職業活動を避けようとします。

①自分が好かれていると確信しないかぎり、人との交流をもとうとしない。
②自尊感情が非常に低く、恥をかいたり、笑われたり、排除されましたりすることを怖れるあまり、親密な関係づくりを控えようとする。
③社会的状況のもとでは、「非難されはしないか」「排除されはしないか」という心配にいつも心を奪われている。
④「自分なんかは（相手に）ふさわしくない」との思いから、人との出会いにおいても交流を控えてしまう。
⑤自分は社会人として不適格である、魅力に欠ける人間である、他の人よりも劣っている、などと

考えている。

新しく何かを始めると「恥ずかしい思いをしてしまうかもしれない」という思いが強く、そのようなリスクを取ることを極端に嫌がります。

社会的な交流の場面において、ＡＰＤを有する人は、社会恐怖をもつ人々と同様に、自分自身の内面的な反応を極度に気にする傾向があります。しかし同時に、彼らは相手の反応をも極度に気にしていて、これは社会恐怖の人とは異なる点です。多くのＡＰＤには、話しぎらいや無口な人が多くみられます。これは、相手の人を気にしすぎ、そこに心が奪われてしまっているため、流暢に話すことが難しくなるからです。一般に、ＡＰＤはとくに不安障害をもつ人々に多くみられます。そして、ＡＰＤと診断された人の多くが、幼い（若い）ころに、長期にわたって親からの非難や排除を受け続けた辛い経験をもっていると言われています。排除的な親ともっとつながりたいという一心から、彼らは関係性を渇望するのですが、普通は繰り返し非難を受け彼らの願いは徐々に「防衛的な殻」へと変質していきます。ＡＰＤの患者は自分の欠点にばかり注目しており、「自分が排除されることは決してない」と思えたときだけにしか人間関係をもとうとしません。喪失や排除の体験は彼らにとってあまりにも辛すぎるため、人とつながるようなリスクを冒すよりは、むしろ孤独を選ぼうとするからです。

統合失調症

実はひきこもりの鑑別診断で一番苦労するのが、陰性症状中心の統合失調症です。単位はほとんど取り、卒業論文を仕上げるときになって、「まったく勉強がわかりません。それで授業に出ても無駄なので休んでいます」と言い始める学生が多くなりました。長い不登校状態のあと、しびれを切らした親が子どもを責め始めたのを契機にひきこもり状態となり、親に連れられ私のもとに相談にやってきます。一見すると無表情で、何か尋ねても他人事のように淡々とハイやイイエと答えるだけで、まったく意欲がみられず統合失調症の慢性化状態を疑うことがよくあります。

そんな学生が何回か面接しているうちに心の内を語り始めます。ゼミが始まり少人数での発表会が不安であったり、卒業研究の実験にとりかかれず時間がたって研究室に行きそびれたりなど、その原因は多様です。ただ相談する相手や具体的な手段がわからず、また親に合わせる顔がないとひきこもってしまうのです。背景に、卒業して社会に出ることへの強い不安感を抱えていることが共通点です。

統合失調症の有病率は、厚生省（現・厚生労働省）が一九六三年に行なった精神衛生実態調査によれば統合失調症にほぼ該当する精神分裂病では〇・二三パーセントです。統合失調生涯発病率は約〇・八五パーセント（一二〇人に一人）であり、まれな病気ではありません。米国では生涯罹患率は約一パーセントで、年間発症率は一〇万人当たり一一人とされています。性差によって発病率は変わりません。ほとんどは思春期から三〇歳代までに発病し、症状は大きく陽性症状と陰性症状の二つに分けられます。

陽性症状は、周囲で人が話していると、自分の悪口を言っている、悪口を言う声が聴こえる、といったように、対人関係で敏感になり苦しんでいます。これが高じて幻聴や妄想となり、現実にはないものを感じ信じるようになります。その結果、奇妙な行動や落ち着きなさが現れます。これらの症状には、薬物療法が効果的です。

一方、陰性症状は陽性症状が落ち着いたときに現われます。意志や自発性が低下し、感情が乏しくなり、集中力が低下したりします。周囲から怠け者とよく誤解されます。よく社会的ひきこもりと誤解されるのもこの状態です。治療は薬物療法、精神療法、そして、なくてはならないのが精神科リハビリです。急性症状が減少した後、少量の薬物を続けながら、生活環境の調節や仕事への復帰のためのリハビリが欠かせません。

また、再発を防ぐには定期的な服薬が必要となります。薬を飲むのは面倒なので、飲み忘れがちになることがよくあります。周囲の人も、無責任に薬は健康によくないと助言することも多く、薬をやめると、約一か月後に再発するのが普通です。学内での細やかなメンタル・サポートが最も必要とされるのがこの病気です。和歌山大学では全国の大学に先駆けてキャンパス・デイケア（表2）を開始しました。

メンタルサポート室では、精神障害によりハンディをかかえ頑張っている学生の修学から就労までを、四年間一貫した支援を目指す大学でのメンタルヘルス・デイケア（キャンパス・デイケア）を開始しています。これまで中心であった精神科医や臨床心理士による個人精神療法に終始することなく、看護師や精神保健福祉士が中心となる大学内での「精神科デイケア」です。

表２　キャンパス・デイケア日程表

曜日	時間・内容			
	PM２:30〜	PM３:00〜	PM４:30〜	PM５:00〜
月	ミーティング（看護師）	心の悩み（臨床心理士）	反省会（精神科医）	アミーゴの会と共通
木	ミーティング・個人指導（看護師）	ソーシャル・スキル・トレーニング（精神保健福祉士）	反省会（精神科医）	アミーゴの会と共通
金	ミーティング・個人指導（看護師）	健康指導：服薬、食事、他（看護師）	反省会（精神科医）	アミーゴの会と共通

すでに述べましたように、青年期はさまざまな心の病の好発病期であり、統合失調症、摂食障害、そして、気分障害（躁うつ病）などの精神障害を抱えながら学業を続けることを余儀なくされる学生が多くみられます。さらに、全入時代を向かえ障害を抱えながら大学で学ぶことを希望する学生はますます多くなりつつあります。それにもかかわらず、その対策は日本の大学では遅れているため、今回、私たちはメンタルサポート室でキャンパス・デイケアを開始することとなりました。

米国では、一九八〇年代初期からボストン大学精神科リハビリセンターで精神障害者の高等教育支援プログラムが開始されています。その後、一九九一年にカリフォルニアにある四つのカレッジで精神障害をもつ学生にキャンパスでの支援を開始しました。

これらの先進的な試みと研究の結果、精神障害者が支援を受け高等教育や専門知識を身につけることにより、就職の幅が広がることはもちろんのこと、その成功体験が自信や希望を与え、それまでの自己評価や自己認識を大きく変え、障害の克服や病状の改善をもたらすとの成果が報告されています。以後、欧米諸国で精神科的支援を続けながらの高等教育が活発に行なわれるようになってきました。

しかし、日本の大学では精神科的支援を継続しながら教育を続けるプログラムはまだあまりみられません。特に、大学内の施設が中心となり精神障害者の支援を行ないながらの教育プログラムは皆無といえます。その上、全入時代を向かえた日本での大学進学の失敗や大学での勉強の挫折は、大きな心の傷を与え、逆に障害克服の妨げとなっていると考えられます。

そこで、和歌山大学ではメンタルサポート室開設後、六名の統合失調症学生、一名の摂食障害学生、五名の感情障害学生を対象にキャンパス・デイケアを試験的に二年間試験的に実施し、病気自体のケアばかりでなく障害から派生するさまざまな生活、経済的問題への相談やサポートを行なってきました。

その結果、統合失調症はもちろんのこと、摂食障害においてもよい効果が確認できましたので、その成果を学会などで発表するとともに、二〇一一年にキャンパス・デイケア室を新設し、本格的なキャンパス・デイケアを開始することとなりました。

広汎性発達障害

現在よく用いられる臨床上の精神医学的診断基準に、世界保健機関が定めたＩＣＤ―10（疾病および関連保健問題の国際統計分類第一〇版）とアメリカ精神医学会が刊行したＤＳＭ―Ⅳ―ＴＲ（精神疾患の分類と診断の手引第四版新訂版）があります。この臨床医学において「広汎性発達障害」はこの診断分類で取り上げられています。

ＤＳＭ―Ⅳ―ＴＲにおいては、広汎性発達障害に、自閉症、アスペルガー症候群、レット障害、小児期崩壊性障害、特定不能の広汎性発達障害（非定型自閉症を含む）が掲げられていて、ＩＣＤ―10とは診断分類および診断基準とともに少し異なります。知能指数が知的障害の領域にない広汎性発達障害は、高機能広汎性発達障害と呼ばれることもあり、発達障害に分類されます。自閉症には、知的障害をともなう場合と、知的障害をともなわない高機能自閉症があり、これらは、別個の障害ではなく一連の要素を含む先天性認知障害です。

アスペルガー症候群

アスペルガー症候群と高機能自閉症は同じものか否かについては、諸説ありますが、高機能自閉症と区別されることは少なくなってきています。また、アスペルガー症候群は、知的障害の有無を問わず、言語障害のない自閉症を指すという研究者もいます。このような概念の未整理については議論や批判があり、それを受けて二〇一三年発行予定のＤＳＭ―Ｖの草案ではアスペルガー症候群は独立した診断分類として削除されていますが、知的障害が自閉症の軽症例とも考えられていますが、知的障害がないからないからといって社会生活での対人関係において問題がないとすることはできません。

成人の場合、知能の高さは必ずしも安定就労に結びつかないという調査報告があります。アスペルガー症候群としての特性は、知能の高低にかかわらず就労の場において障害となるのに、知的には一見定型発達者と変わらない彼らへの理解やサポートは、ほとんど進んでいなかったからです。

このように、日本ではアスペルガー症候群への対応が遅れていましたが、二〇〇五年四月一日施行された発達障害者支援法によりアスペルガー症候群と高機能自閉症に対する行政の認知は高まりました。また、注意欠陥・多動性障害（ＡＤ／ＨＤ）や学習障害（ＬＤ）などを併発している場合もあります。このような合併障害があることと、「アスペルガー」や「自閉症」という言葉には偏見があることなどを理由に、まとめて「広汎性発達障害（ＰＤＤ）」や「発達障害」と呼ぶ医師も増えています。なお自閉症スペクトラムの考え方では、定型発達者とカナータイプ自閉症の中間的な存在とされています。

アスペルガー症候群の主な特徴

自閉症の人はコミュニケーション能力が稚拙で、心を読み取ることが難しいのが特徴といわれています。仕草や状況、雰囲気から相手の気持ちを読み取れない人は、他人が微笑むことを見ることはできても、それが意味していることがわかりません。また最悪の場合、表情やボディランゲージなど、その他あらゆる人間間のコミュニケーションにおけるニュアンスを理解することができません。多くの場合、彼らは行間を読むことが苦手あるいは不可能で、人が言葉で言わないと意図していることが何なのかを理解できません。もちろん、表情や他人の意図を読み取ることに不自由がないアスペルガーの人もいます。

また、彼らはしばしばアイコンタクトが困難です。アイコンタクトを避けるのが一般的で、それをドギマギしているととらえる人も多いようです。逆に、他人にとって不快に感じるくらいに、ジッとその人の目を見つめてしまうタイプの人もいます。相手からのメッセージが何を示すのかわからず、彼らなりに必死に理解しようと努力しているのです。

しかし、見方を変えると、よく言われる、「言葉を額面どおりに受け取る」や「些細なことにこだわる」という特徴は、「厳正に規則を守る」と言えなくはありません。例えば、パソコンのように順序だったものや規則的なものに興味をもてば、才能を開花させることも可能です。アスペルガーの人は、感情の反応が強いのですが、何に対して反応するかは常に違います。そして、彼らが苦手なのは、「他人の情緒を理解すること」であり、自分の感情の状態をボディランゲージや表情のニュアンスなどで他人に伝えることです。

多くのアスペルガーの人は、周りの世界からかけ離れた感覚をもっていると報告されています。よくあげられる例として、教師がアスペルガーの子どもに（宿題を忘れたことを問いただす意味で）「羊があなたの宿題を食べたの？」と尋ねたら、その子はその表現が理解できず押し黙り、自分は羊を飼っておらず、どうして教師はそんな質問をするのかと思い悩むのです。つまり教師が、表情や声のトーンから暗に意味していることを理解できないのです。そして、答えられずに黙っていると、先生や周囲の人たちはそのことを理解できず、その子が生意気で反抗的であると考えたり、叱責したりする光景がみられます。

私が「就職には勉強よりクラブ活動が大事だ」と不用意に言ったとき、その学生は三年生であったのに翌日にこれまでやったこともないスポーツ・サークルに入ったことがありました。通常であれば日常生活の中で周囲の人の会話などから小耳に挟んで得ているはずの雑多な情報を、アスペルガーの人特有の興味への集中のために、聞こえてはいるものの適切に処理することができていないことがあるのです。

アスペルガー症候群の限定された興味や関心

アスペルガー症候群は興味のある対象に、きわめて強い、偏執的ともいえるほど集中することがあります。社会一般の興味や流行に影響されず、独自的な興味を抱くケースがみられます。例えば、鉄道、数学、天文学、地理、法律などに特によく興味をもちます。しかし、これらへの興味は、一般的な子どももももつものであり、両者の違いはその異常なまでの興味の強さにあります。

アスペルガーの子どもは興味対象に関する大量の情報を記憶することがあります。また、順序だったもの、規則的なものは彼らを魅了します。それで、コンピュータに取りつかれた子どもは大きくなって卓越したプログラマーになる可能性があります。しかし、逆に予測不可能なもの、不合理なものを嫌います。彼らが興味をもつ対象は変化しますが、その時々、一から二個の対象に強い関心をもっています。これらの興味を追求する過程で、彼らはしばしば非常に洗練された知性、ほとんど頑固偏屈とも言える集中力、一見些細に見える事実に対する膨大な記憶力を示します。

ハンス・アスペルガーは、彼の一三歳の幼い患者を「小さな教授」と呼んでいました。その患者は、それほど特定の分野に広範囲にわたる緻密な大学教授のような知識をもっていたからです。一方、アスペルガーの人は自分の興味のない分野に対しての忍耐力が弱いことが多く見られます。アスペルガーの子どもはしばしば学校でのイジメの対象となります。なぜなら彼らの独特のふるまい、言葉使い、興味対象、身なり、そして彼らの非言語的メッセージを受け取る能力の低さをもつからです。彼らに対し、嫌悪感をもつ子どもが多いのもこのことが要因だと考えられます。

第五章　ひきこもりの原因

一　和歌山大学における二つの調査結果

一九八二年に私が大学の保健管理センターで働き始めて驚いたのは、大学版の不登校としか言いようのない学生が多く見られたことです。しかも、九〇年代に入るとその病態が変化していることに気づきました。そこで、二〇〇二年に二〇年間にわたる大学生の不登校に関する分析をカルテ記録からレトロスペクチブな調査を実施しました。

【調査期間】一九八二年から二〇〇一年
【調査対象】以下の条件を満たした和歌山大学学生一一八名
①三か月以上不登校状態を呈し、センターで長期間フォローできた学生
②明確な精神障害や発達障害を有しない学生
③積極的な欠席理由をもたない学生

ひきこもりに関する調査では、ひきこもり期間を六か月とするのが一般的ですが、大学生の場合、六か月を超える長期ひきこもりは少なく、短期間のひきこもりを繰り返すパターンが多いとの印象をもったので、三か月以上不登校状態となった学生を対象として選んでみました。

その結果は、**表3・4**が示すとおりです。一一八名中、男性は一〇九名（九二パーセント）、女性は九名（八パーセント）と圧倒的に男子大学生が多く、また、大学に入るまでの不登校経験者数は二八名（二四パーセント）、イジメを受けた経験者があると訴えた対象学生も一五名（一三パーセント）と予想に反し少数でした。平均ひきこもり年数は〇・五六年とやはり短かく、二年以上続けて長期にひきこもった学生は二名にすぎませんでした。

後期になるとアパシー群は減少し、非アパシー群、いわゆる社会的ひきこもりの増加がみられます。中でも、人間不信が強いタイプが目立ち始めています。このように、時代の変化とともに長期不登校学生の病態が変化しつつあることがわかってきました（**表5**）。

そして、この調査結果の分析を進めるうちに、ひきこもり状態からの回復には家庭訪問や自助グループの活動などが有効であることが明らかとなり、二〇〇二年に和歌山大学ひきこもり回復支援プログラムを作成しました。以後このプログラムを用いて大学生はもちろんのこと、一般のひきこもる若者を対象に支援活動を展開してきました。

この二〇〇二年までのデータに、さらに二〇一〇年三月までの事例を加え、計一七二名の学生を対象として、二八年間をA（一九八二年四月～一九九二年三月、N=51）、B（一九九二年四月～二〇〇

表３　大学版不登校学生のタイプの経時的変化（Ⅰ）

大学生の不登校のタイプ		前期：1982年～1991年（51名）	後期：1992年～2001年（67名）	総数（118）
アパシー群		26（51%）	15（22%）	41（35%）
非アパシー群	不安型	7（14%）	17（25%）	24（20%）
	強迫・恐怖型	9（18%）	15（22%）	24（20%）
	人間不信・トラウマ型	2（ 4%）	11（16%）	13（11%）
リアリティの逆転型、その他		7（14%）	9（13%）	16（14%）

表４　大学版不登校学生のタイプの経時的変化（Ⅱ）

大学生の不登校のタイプ		1982.4～1992.3（N=51）	1992.4～2002.3（N=67）	2002.4～2010.3（N=54）	総数（N=172）
アパシー群		26（51%）	15（22%）	15（28%）	56（33%）
非アパシー群	不安型	7（14%）	17（25%）	11（20%）	35（20%）
	強迫・恐怖型	9（18%）	15（22%）	13（24%）	37（22%）
	人間不信・トラウマ型	2（ 4%）	11（16%）	7（13%）	20（11%）
リアリティの逆転型、その他		7（14%）	9（13%）	8（15%）	24（14%）

表５　大学版不登校の各タイプの特徴

大学版の不登校	性格傾向	社会活動	心理特徴
スチューデント・アパシー（1980年代）	自己決定や責任を回避。エリート志向、プライドが高い。	本業（学業、仕事）からの選択的撤退。競争の回避。	自己確立：青年期特有の心性が色濃く反映。
社会的ひきこもり（1990年代）	強迫的、被害者意識が強い、自己評価が低い。	家庭というシェルターに逃げ込み、内から鍵をかけた状態。	文化依存的：受験文化、高学歴社会特有の価値観を反映。
リアリティー逆転（2000年代）	生の人間関係がわずらわしい。	バーチャル・コミュニティに限定。	インターネット依存。

二年三月、N=67)、C(二〇〇二年四月～二〇一〇年三月、N=54)の三期間に分け、大学生のスチューデント・アパシーや社会的ひきこもりに関するさまざまな分析を行ないました。

二　二八年間の追跡調査結果からみえてきたもの

ひきこもる若者の男女比――なぜ男性に多いのか？

長期不登校大学生の男女比は、追跡調査結果で一七二名の内、男性は一五八名(九二パーセント)、女性は一四名(八パーセント)と、大学生でのひきこもりは圧倒的に男性に多いことが明らかです。これまでのひきこもる若者の調査で、男性が過半数以上を占めるとの結果が出ていますが、大学生の場合、その傾向がさらに顕著であることがわかります。そして、女性の場合、摂食障害やリストカットを伴っていることが多く、男性に比べ症状表現は過激ですが、ひきこもり期間は短いことがわかってきました。

このようにひきこもりが男性に多い原因として、一つは現在の男性の草食系化や中性化傾向と関係が深いと世間で言われています。しかし、異性に対する興味の低さは男性に限ったことではなく、男女共通した傾向といえます。つまりひきこもるまで異性との交際経験は皆無に等しいのが特徴です。

女性の場合、異性との性的な関係をもつことがあっても、本来の異性への興味からではなく、話し相手である男性の関心を引くための道具として性的な手段を用いたり、自虐的な気持ちから性的な交流におよぶことが多く、そして、女性とみなし接近する男性には恐怖感を抱く傾向が強くみられます。つまり、男女ともに「男らしくあること、女らしくあること」への抵抗や失敗、つまり、「性同一性」の形成障害がひきこもる若者に共通してみられます。[16]彼らは、現在の大人たちが普通と考える男性や女性の役割を担いたくないと主張しているように思えてなりません。

また、従来から言われていることですが、もう一つは男性の社会的プレッシャーです。日本社会は男尊女卑の考え方からいまだに脱却できていないと言われています。女性は就職しないでも結婚という最終就職があるとか、男性は就職して親や家族を支えることが当然の義務であるといった考え方です。また、男性がメソメソ泣いていると、軽蔑されることはあってもあまり同情されません。一方、女性が泣いたり困っていると、男性は助けるのが義務であるかのように世話を焼きます。日本では、このように女性の孤立化を防ぐための社会的お助け機能がまだ働いています。

不登校学生は減少傾向にあるのか？

和歌山大学における長期不登校学生の入学年度別出現率は、最近、一〇年間を見ると〇・六から一・八パーセント（平均一・一パーセント）でした。そして、二〇〇四年度までは増加傾向を示していましたが、それ以後やや減少傾向にあります。減少傾向の一因として、和歌山大学ひきこもり回復プログラムの成果が出始めた結果であると自負していますが、最大の要因として就職状況の悪化が考えられます。就職難、最悪の就職氷河期とマスコミで騒がれたことが、不登校予備軍の学生の不安感を掻き立て、根本的な問題の解決を待たずに、無理やり彼らを社会に押し出していることは確かです。

また不登校＝ひきこもりとの印象が強いのですが、追跡調査では大学に入るまでの不登校経験者数は四五名（二六パーセント）であり、二回の調査ともに三割以下で、大学に入ってから初めてひきこもる学生が多いことがわかります。不登校経験者では、不登校は中学二、三年時に開始していることが多く、解決できずにひきこもり状態に移行しています。

それで家庭教師がつけられて、受験勉強を続けて有名な高校に進学するのですが、高校入学後も最初からまったく登校できないケースが多くみられます。私が相談を受ける外部のひきこもりの場合は、ゆっくり成長を待とうということで、二〇代半ばまでひきこもり状態が続いていることがほとんどで、私たちが関与した後、まず大検（現在の高等学校卒業程度認定試験）で大学受験資格をとり、アルバイト経験を積んで大学や専門学校に進学するケースが多くなっています。詳細は、長期ひきこもり者に対するプログラムの効果（一一〇ページ）で述べたいと思います。

大学生に多いマダラタイプのひきこもり

和歌山大学における二八年間にわたる大学版不登校学生の調査から、いじめを受けた経験者は二七名（一六パーセント）でした。その多くは事例6のGさんのように、毎日定刻に家を出て大学に向かう、一見すると優等生のようにみえます。しかし、その優等生の仮面の背後に強い人間不信感の存在がうかがえます。

表6　ひきこもりを生じさせる社会文化的要因

問題点は？
　人間関係の希薄さ、稚拙さ、ソーシャル・スキルの未成熟さ、
　自己の感情をうまく言語化できない
　リアリティの逆転現象、日常性の喪失、超合理主義
原因は？
　人格形成に及ぼす社会・文化的要因
　　幼児期：人格の基礎形成期
　　　（母子密着、母子分離困難、発達のレー化）
　　〈ファンタジー的自己確立・キレル世代〉
　　少年期：遊びによる仲間作り、協調性、社会的スキル
　　　自然との共感性
　　　（管理されたスポーツ、塾通い、ファミコン）
　　〈非日常性・ひきこもり世代〉
　　思春期・青年期：恋愛、大人の模倣、自己確立
　　　（受験勉強、バーチャル・リアリティ）
　　〈理想主義・アパシー世代〉

大学生のひきこもり期間の平均は五・一か月と非常に短かく、大学生の不登校の特徴として、短期の不登校を繰り返す、不完全型のひきこもり（マダラタイプ）が多いことがわかりました。一度ひきこもり状態から脱しても、ちょっと油断するとまたひきこもってしまうのです。何度か続くと、「二週間姿を見せなかったら背中を押しに下宿にきてください」と自ら懇願する学生もいます。しかし、大学に出てきたことを確認するのは大変なことなので、希望者には一人に一冊ノートを手渡し、アミーゴの会への参加状況を確認しています。彼らと相談の上ですが、普通は二週間アミーゴの部屋に出てきていないことがわかると電話をかけたり、サポーターが下宿へ様子を見に行ったりします。最初は、このような登校刺激（実際はアミーゴの部屋への呼びかけ）は負担になるのではと心配したので

すが、「ひきこもり状態が一か月を超えると大変になるので、早い時期にちょっと背中を押してもらえると外に出やすい」と喜んでくれています。

長期化を阻止しながら、対人関係の希薄さやソーシャル・スキルの未成熟さなどひきこもりが抱える根本的な課題の解決が重要となります（表6）。

経時的な不登校学生のタイプの変化をみると、アパシー群の不登校学生が減少し、非アパシー群、いわゆる社会的ひきこもりの増加がみられました。なかでも、人間不信が強いタイプが目立つようになっています。そして、二〇〇〇年以後には、ネット依存傾向か高まり、バーチャル・コミュニティで生きるリアリティ逆転型が出現してきたのが特徴です。

不登校になるきっかけは？

これまで不登校やひきこもりにいたる契機として、一番多かったのが家族以外の者との対人関係の問題で、二番目に学業成績での挫折体験、そして、三番目として就学環境があげられてきました。

また、東京都は二〇〇九年に実施した「ひきこもり状態にある高年齢層（三五歳以上）の状況」調査で、三五歳以上（四九歳まで）の「ひきこもりのきっかけ」をみると、最も多かったのは「職場不適応」で、四七パーセントと半数近くを占めています。次いで、「人間関係の不信」三三パーセント、「病気」二一パーセントなどが続き、「就職活動不調」も一六パーセントありました。

ひきこもり期間についても「七年以上」の長期が六一パーセントを占めています。いったん社会か

表7　不登校となった契機

不登校開始時の悩み	1982～1992.3 (N=51)	1992.4～2002.3 (N=67)	2002.4～2010.3 (N=54)	総数 (N=172)
学業でのつまずき	28名（55%）	32名（48%）	23名（43%）	83名（48%）
就職問題	4名（ 8%）	8名（12%）	18名（33%）	30名（17%）
人間関係でのトラブル	2名（ 4%）	1名（ 1%）	2名（ 4%）	5名（ 3%）
特になし	1名（ 2%）	26名（39%）	11名（20%）	54名（31%）

ら弾き出されてしまうと、なかなか復帰できないまま、長期化せざるを得なくなる実態が推測できます。

私が二〇一〇年に実施した大学版長期不登校学生に関する調査では、当然の結果といえますがAグループ（一九八二年から一九九二年まで、五一名）、Bグループ（一九九二年から二〇〇二年まで、八七名）、そして、Cグループ（二〇〇二年から二〇一〇年まで、五四名）、このすべてのグループでの学生で、ひきこもりとなったきっかけとして学業（試験や卒業論文）でのつまずきが圧倒的に多いのが特徴で、Cグループ、つまり最近一〇年間では就職難を反映して就職問題が増加しています。大学生では人間関係での問題は上位に出てきません（表7）。

(16) 性同一性

人は、自身がどの性別に属するかという感覚、男性または女性であることの自己の認識をもっており、これを性同一性（性の同一性、性別のアイデンティティー）といいます。大多数の人々は、身体的、生物学的性別と性同一性とは一致しますが、稀に、自身の身体の性別を十分理解しているものの、自身の性同一性と一致しない人もいます。そうした著しい性別の不一致を抱える状態を医学的に性同一性障害といいます。

三　社会的ひきこもりは時代とともに変化する

社会的ひきこもりは、六か月以上家庭内にこもり家族以外の人との交流を絶った状態を指します。精神医学的診断基準にのっとり、診断名がつかないひきこもりはないとする精神科医が多いように、長く経過を追うとその間にひきこもる一人の若者に対し、気分、不安、恐怖・強迫、そして精神病性障害、あるいはそれらの疑いといったように、さまざまな病名がつけられることになります。これではひきこもり本来の病態は見えてきません。そこでセンターで長期にわたり観察できた事例からひきこもりのタイプ分類を考えてみました（**表8**）。

アパシー群

アパシー群は、スチューデント・アパシー（事例5）に代表されます。プライドが高い反面意志力がやや弱く、困難な問題にぶつかると失敗を恐れ、対決して解決するのでなく回避しようとする傾向が強くみられます。しかし、あくまでも学業からの選択的な退却であり、学業以外での活動性は高いといえます。つまり、生活全般にわたる活動性の低下はありません。スチューデント・アパシーの概念を提唱したウォルターズは、「外界は自分たちの求めるものを含まない」と考えることとスチューデント・アパシーの特徴としています。

表８　社会的ひきこもりの分類

社会的ひきこもりのタイプ		鑑別診断	社会活動	心理特性	発達過程での課題
非アパシー群・社会的ひきこもり	不安型	社会不安障害・気分障害	活動の低下は短期的	・不安耐性閾値、葛藤処理能力や自己評価が低い（Rubin, 1993） ・心理社会的不安やうつに不適応（Vasa, 2006）	母子関係（母子密着、母子分離困難）
	強迫型	強迫性障害・境界例	長期ひきこもり	・不登校経験者が多い ・学歴社会での脱落の原因は家族にあるとの確信 ・仲間を持てないことへの不安と恐怖を感じている	少年期の仲間作りに失敗（遊びによる仲間作り、協調性、社会的スキルの形成不全）
	人間不信型	統合失調性人格障害・ＰＴＳＤ	集団生活困難	・自己の感情を押し殺し、強い人間不信感を抱く	同級生によるいじめ、疎外感
リアリティー逆転型、他		インターネット依存	バーチャルコミュニティでの活動	・パソコンでの仮想の現実でのみ人間関係を構築	携帯やインターネットの普及

このウォルターズの考えや、スチューデント・アパシーから社会的ひきこもりに移行する事例があることから、あえてこの二者を分ける必要がないと主張する研究家もいます。しかし、私は社会的成熟度や治療方法の違いから分けるべきだと考えています。

鑑別を要する疾患として感情障害（うつ病）があります。スチューデント・アパシーには、うつ病の主な症状である、強い憂うつ感情、悲哀感情[17]、罪責念慮と気分の日内変動、そして、自律神経症状はあまりみられません。あくまでもうつ症状は二次的なものです。他者の助けをなかなか求めないことが一番の違いです。

事例7　卒業一歩手前のひきこもり【Hさん、二三歳、男性、大学生】

最近、卒業一歩手前になってひきこもる学生が増えてきました。単位を簡単に取ってしまい、卒業論文だけなのに何年も書けない、手をつけることも困難であるといった学生が多くなり困っています。

Hさんもその一人です。彼は母親に首根っこをつかまれ無理やり連れてこられました。「私の息子は嘘ばかりつく。三年間だまされていた」と怒りの感情を抑えきれずに矢継ぎ早に訴える恐ろしい形相の母親の前で、Hさんは首をうなだれ黙って座っていました。

母親の言い分は次のようなことでした。

四回生の一二月にHが申し訳なさそうに、「必死に就職活動をしたが、これまで経験のない最悪の就職氷河期で思ったような就職先が見つからなかった。それでこれから卒論を完成しながら公務員試験の準備をするので一年間就職留年させてほしい」と訴えてきました。就職難はマスコミの報道で知っていたので、あわてて不本意な就職を決めるよりは、一年先延ばしをして条件のよい会社や公務員を目指せばと一年間の授業料の支払いを快諾しました。しかし、その翌年の一二月、Hは「努力したが就職先は見つからなかった。公務員試験合格には時間が足りなかった。卒論は八割がた仕上げ、いつでも卒業できるのでもう一年余裕がほしい」と訴えました。私はしぶしぶ授業料を払い、小遣いを渡し続けました。そして、受診時の三年目の一二月に、「卒論は完成し、あとは提出だけで卒業を待つばかりだが、公務員試験にまたしても失敗してしまった」とHが言うので、「それなら卒業して公務員試験のための専門学校で頑張りなさい」と言うと、どうも様子がおかしいのでゼミの先生と連絡をとったところ卒業論文の提出はもちろんのこと、論文のテーマすら決まっていないということでした。Hを問い詰めたところ嘘をついていたと白状したとのことでした。三年間だまされ続けました。もう息子が信じられません。言い訳ばかりです。

そこで、Hさんに聞くと、「一年目は本当に就職活動を行なっていたが、まったく内定が出されず、卒論を書く意欲が失せてしまいました。これまで一行も書いていません。二年目から嘘をついてごまかすようになりました。公務員試験を受けたことも勉強をしたこともありません。三年目に入り、そのことがばれてしまい母親の逆鱗にふれ、センターに連れて来られました」と小声ながらも淡々と答えるのでした。

「三年間何をしていましたか」との私の質問に、「五回生（一年卒業留年時）になってからは、何もする気にならず、親の目があるので仕方なく大学に行くも、ゼミ室にも入りにくく、図書館で時間をつぶしていました、やがて、大学にも足が向かなくなり卒論の完成は、家でコンピュータがあればできると母親に嘘をついてゲームをしていました」と答えました。

以後、センターあずかりとなり彼との付き合いが始まりました。Hさんは、小・中学校ではスポーツクラブに参加し、友達とも遊ぶごく普通の生徒でした。高等学校に進学してから彼の生活が変わったようです。受験校で皆が熱心に勉強するので遊ぶ相手もなく、適当に勉強する時間以外は自宅でコンピュータに向かいゲームに熱中するようになったそうです。

大学入学後、友達もできず、クラブに入らなかったのですが長期の休みにはバイトもし、就職活動に失敗するまではまじめに授業を受け、単位も順調にとっているごく普通の大学生でした。

母は小さいころより過干渉で小言を言い始めると三、四時間も続き、しばしば感情的に不安定になっていたとのことでした。今回の問題でも、「母の説教に疲れてしまっていた。最後に必ず「子どものために自分を犠牲にして……をしてきた」と「子どものために」を連発するので、その言葉が耳から離れなくなってしまった。この言葉をやめてくれれば少しは楽になるのだが……」と不平をもらしました。

また、彼は父のことを、「母が怒り始めるとそそこそ逃げてしまう。何も意見を言わない。男らしくない。何のために生きているのかわからない人」と評しています。「問題が起こると逃げてしまう」というごく普通の父親の存在感の薄い家庭のようでした。

「お母さんは、『君に何を聞いてもはっきりと答えないので、何をしてやったらよいのかわからない』と言っている」と告げると、彼は、「自分の意見を言おうとするのだが、すぐに口を挟んできて言えない」とブツブツ一応反論しました。

高等学校時よりインターネット依存傾向があったものの、頭痛以外は特に自覚症状はなく、就職活動に失敗してから不登校、無気力状態になったケースです。

センターに通い始めて以後も、卒論に手をつける気配は見られず、母親との関係は悪化する一方でした。それで、親御さんと相談し、大学の近くに彼を下宿させることとなりました。母子間の密着度が強すぎるので、少し距離をとろうと考えたからです。条件として、親が一年間下宿代を払うが、小遣いはアルバイトをして稼ぐことを命じました。

最初Hさんは、これで母から解放されると大喜びでしたが、いざ下宿も決まると下宿生活は初めてだし大丈夫かなと、不安感を訴えるようになりました。予想した結果です。しかし、無理やり下宿を開始して、アミーゴの会に参加させ、サポーターにアルバイト探しを手伝うように伝えました。

母親は、「嘘をつく」ことが一番の問題としていましたが、もちろん、Hさんが「嘘をついて、問題解決を回避する」状況に追い込まれていった事情は十分に理解しています。

ただ本当の問題は別のところにあります。大学での勉強にはまったく抵抗がなかったのに、卒業論文を仕上げること、つまり、社会に出て一人立ちする時機が目の前に迫ってきたときに、漠然とした不安に襲われ立ちすくんでしまったのです。卒業論文は社会への旅立ちの象徴です。このように過保護や過干渉から母子密着度が強く、母子分離が十分にできていないために社会に巣立とうとするとき強い不安に襲われる学生が多く見られるようになりました。

親の子どもへの過干渉

混同されがちな過保護との違いは、親が子どもを一人間として認めようとせず、その子どもの意思や思考、自我の発達や自主性などを一切否定して、操り人形のごとく何もかも親の意のままにコントロールしようとするのが過干渉です。一方、過保護は子どもの意思が尊重され過ぎ過剰に欲求を満たそうとしたり、子ども自身に責任のある状況下で責任を肩代わりし過ぎたりしまうことです。

過干渉する親は、人間が自己を確立し将来自立するために必須である自己主張や感情表現、思春期における異性や恋愛への興味や接触、子どもの文化や娯楽を一方的にタブー視して禁止します。さらに趣味をもつこと、志望校や将来の職業選択など子どもの思考、その他一切を否定・禁止して、己の価値観のみを無理やり押し付けます。特に問題行動や不審な点などの理由もないのに「躾」や「親の監督義務」などと称して子どもの一挙手一投足に目を光らせ、子どものプライバシーを勝手に暴いて、晒しものにして叱責し、子どもを精神的にがんじがらめにします。

思春期や反抗期など自我の発達する段階では、しばしば他者の干渉に不快感をおぼえる傾向もありますが、親は子どもに対して監督責任があり、子どもの行動が社会的にみて不適切な場合は、これを調べて行動を阻むことも家庭教育の範疇では当然の行為です。しかし過干渉は、社会通念上で容認できる範疇を逸脱したり、「監督責任」の意味あいを履き違えて、子どもの思考や行動を全般にわたってコントロールしたりする場合をいいます。

また夫婦間の不仲など日々の不満のはけ口として、子どもが活き活きと幼児期や思春期、青春時代を過ごし人生を謳歌することに対して、嫉妬や怒りを抱き、抑圧して自分よりも弱い立場の人間を家族内に作り出しておきたい、また、子どもが外の世界や人や恋愛などに興味をもち親の支配下から離れるのを許せず、永遠に支配下に置いて将来の介護要員として家に縛り付けておきたい、といった非常に屈折した心理も見いだされます。

過干渉の問題では、子どもは親から条件つきの愛情しか与えられず、親によっては「躾の一環」として子どもの交遊関係にまで強引に介入（干渉）しようとするため、子どもは過干渉の結果、親の逐一の批判や干渉が煩わしく、ストレスや罪悪感を覚え過大なエネルギーを消耗するため、対人関係そのものに背を向けるようにもなります。

幼児期から自我を見せるとすぐに、批判、抑圧されるのが常であるため、自己肯定感が異常に低くなり、他者と対等に接することや自己主張や感情表現をすることに罪悪感をもち、遠慮するおとなしい人間に成長するので、孤立するようになり他者からイジメの対象にもされやすくなります。その結果、コミュニケーション能力、同世代との対等な友人関係や、自発性が育まれることなく成長せざるを得なくなり、思春期に差し掛かるあたりから何らかの問題が起きてくることが多いと考えられています。

非アパシー群

さらに、非アパシー群を不安型、強迫型、そして、人間不信型に細分化しました。不安型は、些細なトラブルを契機に葛藤処理困難となり不適応反応を示したり、母親から見放されることを、全存在を否定されるように感じ強い不安を抱く、いわゆる不安耐性閾値が低いタイプです。

事例8　不安型社会的ひきこもり【Iさん、一八歳、男性、大学生】

「最初の二週間は学校に通っていましたが、その後三か月以上も学校に行っていない」と母親に連れられ受診しました。「家を出ようとすると頭やおなかが痛み始め、それでも無理をして学校まで来るのだが、校門で胸がドキドキして、息が苦しくなり動けなくなってしまう。半時間ほど休憩して家に帰ったころには、胸の苦しみはとれているが、疲れが一気に出て再び学校へ行く気持ちになれない」とIさんは説明しました。

母親は、循環器内科で精密検査を受けさせたが心臓に異常はなく、精神的な原因を指摘されたので、それ以来彼を励まし、毎日学校まで送り続けていました。ごく稀に、調子のいいときは講義室まで入れるのですが、ほとんどの日は入り口で苦しみ始め、連れて帰る、と付け加えました。そして、母親は、精神的な要因として不本意入学をあげました。「Iは小・中学校時代の成績はトップで優秀な生徒でした。高校でやや成績は落ちたものの、それでも希望する医学部の合格圏に入っていました。ところが、センター試験で大失敗してしまい、私たち親は浪人覚悟で医学部受験を勧めたのですが、Iは勝手にこの大学を受けてしまったのです。今の大学が嫌できっと授業を受ける気持ちになれないのではないか」とその原因を母親は分析しました。

不安発作は一か月もかからずに消失しました。そして、そこから本来の治療を開始しました。講義をしばらく受けなくてもいいから、次回から一人で受診するよう彼に伝えました。予想通り最初の一、二週間は、心配した母親に送られて学校まで来たようです。発作は起こらず、やがて一人で受診するようになると、彼は大学生らしい顔になり、次第に心の内を語り始めました。

「父は優しく、これまで『勉強しろ、○○しろ』と言ったことがない。進学や塾の選択など母がすべて指示していた。別に医学部進学を希望していたわけではなかったが、父と祖父が医者であり、小さいころから医者になるのが当然のように言われてきた。高校生活では、ひたすら受験勉強に走る以外に道はなく、自分は何をやりたいのかわからないというより、考える時間がなかった。余計なことを考えると、受験競争から脱落するのではないかと、考える時間をとることに不安を覚えた」とIさんは話してくれました。

そして、医学部受験を諦めたとき、「母が『うちの子はもうダメだ』と言っているように思え、母に見捨てられたようで怖くなってしまった。再受験どころか、本当は自分に力がなく、和歌山大学を卒業できるかどうか不安で一杯です」と訴えるようになりました。

このように不安型の社会的ひきこもりには、物わかりの良いお父さんとしっかりものの教育熱心なお母さんの存在があります。普通は、入学した大学や学部に興味がなく勉強がおもしろくないのに、そのことを親に言い出せなくズルズル無気力な生活を続けることが多く、そして、ちょっとしたつまずきで不安感が強くなり不登校となります。

これまですべて母親の濃厚な庇護のもとで育てられ、問題を解決しようとする強さや処理能力が養われずに大きくなってきたのです。小・中学校でよくみられる不登校の再現の感を呈します。

母親から見放されることを、自分の全存在を否定されるように感じ、不安感を強め、そして、不登校状態は彼から自信を奪い、親の期待にそえなかった不甲斐ない自分を責め、次第に抑うつ感を強めていきます。

このタイプは、症状の軽減は比較的容易ですが、再発の防止には親からの自立を促す作業が必須です。そのためにも、治療は精神療法と集団療法などでのソーシャル・スキル・トレーニングが必要となります。特に、親を安心させ、同時に親からの自立の一歩を開始させるための、実社会での青年としての具体的な成功体験の積み重ねが必要となります。本当の回復は親を安心させる嘘がつけるようになったときです。

強迫型は、社会・対人恐怖傾向が強く、ひきこもりが遷延《せんえん》化したケースに多く見られます。無意味だ、馬鹿馬鹿しいとわかりながら、ある種の観念や行為に強くこだわります。例えば、登校前にアパートのガス栓や鍵の閉め忘れをしていないか何度も、何時間もかけて確認するため、外に出たときには疲れ果てて部屋に戻ってしまわざるを得ないことがよくあります。ある学生は、携帯でガス栓などの写真を撮り、それをみて確認することによって登校が可能となりました。このように、強迫神経症とちがってひきこもりの強迫症状はちょっとしたきっかけで消えることがよくあります。

一方、ひきこもりでは過去の失敗にこだわり、特に現在のひきこもり生活、学歴社会での競争からの脱落の原因は家族にあるとの妄想的確信をもち、親に威圧的な態度をとり、暴力を振るうこともよくあります。彼らは本心では、受験競争から脱落したことで親に申し訳ない気持ちでいっぱいです。しかし、思春期の感情の嵐が抑制不可能にするのです。

事例９　強迫型社会的ひきこもり【Jさん、二〇歳、男性、大学生】

息子が長く不登校だとご両親が相談に訪れました。Jさんは、大手の企業に勤める父、薬剤師の母を両親とする恵まれた家庭の次男として生まれました。入学後、Jさんは語学などの少人数の講義室には緊張が高まり入ることができず、また、体育の実技は場所がわからず受けられないといった失敗体験が続き、このままでは一年間留年してしまうと次第に不安感が強くなりました。しかも、大学では相談する友人もいなくて、高校時代の友人に電話をしてもらったりして、一か月間は苦しみながらも授業に出ていたそうです。

ガスの元栓や鍵の閉め忘れが気になって何回も何回も下宿に戻ってしまい、大学の前まで来たときに疲れ果ててしまいます。また、大学の長い階段を上りはじめると心臓がパクパクし、下宿に戻るようになってしまいました。その内に、下宿を一歩出ると、他人の目が恐くなり、人に馬鹿にされているような気がしてきたそうです。すれ違う際に皆がJさんのことを笑っているように思えたため、自分の容貌がブサイクなので馬鹿にされるのだと思っていたそうです。

こうして、彼は下宿にひきこもってしまいます。外出は食材を中心とした買い物だけで、何かしていないと余計不安になるのでインターネットで情報を集めるかテレビをみて時間をつぶしていました。栄養の偏りが心配で料理は毎日していました。

親に電話を頻回かけて自宅に戻りたいと訴えましたが、夏休みまで頑張ってみろとの父親の励ましの言葉に、何度が学校の入り口の急な階段の前までたどりついたのですが、やはり心臓が止まるような苦しみに襲われ、親にも電話をかけられずに不登校を続けていました。

やがて、成績表が親に送られ母親がしばらく下宿に同居し様子を見ることになりましたが、状態は悪化して壁に頭をぶつけるなどの自傷行為がみられるようになり、郷里の京都に連れて帰ることとなりました。自宅では自傷行為などはすぐになくなったのですが、友人と週末に一度程度外出する以外は家にひきこもり、三か月たっても一向に大学に戻る気配もなく家にいます。

しびれを切らし、下宿に連れてきて大学まで車で送ってきているのだが、どうしても車から出でずに困り果て、母親が相談に訪れました。一度、精神科医にみてもらったが特に問題がないと言われたとのことでした。

まずご両親から、授業に出なくていいから、同じようなひきこもり経験者が多くいるセンターに出てくるようにと伝えてもらいました。それでも大学内に入れないので、私が駐車場に出向き車の中でJさんと初めて話すことができました。二、三回車で話した後、他の学生に出くわさないように配慮して、しぶしぶセンターの私の部屋に入ることができるようになりました。

最初の診察時に、途中覚醒、食欲不振、抑うつ気分、そして、外出時の下痢や腹痛といった身体症状、不安感や他者の目への恐怖感の高まりを訴えたので、少量の抗不安剤と抗うつ剤による薬物療法を行ないました。薬物投与は初回の三か月間と不安感が強くなった就職活動や卒業論文作成時の短期間に限られたものでした。

不安感が少し和らぐと、Jさんは苦しみを詳しく語ってくれるようになりました。また、同じ不登校の経験をもつメンタルサポーター・アミーゴも受け入れてくれるようになりました。まず大学以外の書店やレストランに行くようにさせました。車の免許も取ることができました。そして、いよいよ翌年の春からアミーゴに伴われ登校の再開となりました。語学や体育の教員にももちろん事情を伝え協力体制が整いました。

それでも、一年ぶりの再登校時は大変です。肩の張り、頭皮が針で刺されるように痛むなどの身体症状、不眠、食欲不振、強迫観念や行為が一気に強くなりました。試験時にも、これらの症状が強くなり何度か短期の不登校状態となり、アミーゴに下宿を訪問してもらうこともありました。

時間の経過とともにほとんどの症状は軽減し、対人関係が苦手であることとこだわりの強さだけがある程度残りました。しかし、何時間もかかっていたガスの元栓や鍵の確認も携帯で写真を撮り、それを見て確認しながら登校できるようになりました。

登校再開後、二年が経過して単位もそろい、安心していたときに根本的な問題が未解決なことに気づきました。アミーゴの会でメンバーと楽しく交流しているように思ったのですが、彼自身の対人緊張はそれほど改善されていなかったのです。

彼は、人と気軽に話せない、人と話すと目が泳いでしまう、人から浮かないようにと必死になって話している、特に女性と話せない、別に女性が嫌というわけではないが恐いという気持ちはあるなど、まだ対人緊張で悩んでいました。また、バスや電車など公共交通機関に乗ることができませんでした。外食もセルフサービスの同じレストランばかりでした。これでは就職も不可能です。彼自身、社会人としてやっていく自信がない、「戦場に出るような気持ちだ」と強い不安を訴えるようになりました。

大学の反対方向に向かい電車に乗る訓練やアルバイトなどによる、さらに二年間にわたる社会参加への準備を開始しました。就職試験時や就職後に対人不安、抑うつ、確認強迫症状が再燃し、卒業後三か月間は一週間に一度の電話相談を続けましたが、再度ひきこもることもなく仕事を続けています。[18]

強迫型の社会的ひきこもりの学生の性格は、社会から疎外されているという感情が強く、批判には過度に敏感です。そして、親密な対人関係を避け、情緒的なかかわりを恐れる傾向が強く、ひきこもり、社会的に孤立しやすい傾向が強く見られます。

最後の人間不信型（事例6）は、イジメなどから自己の感情を押し殺し、強い人間不信感を抱いています。そのため、人間関係の構築に失敗するか、あるいは断念してパソコンでの仮想の現実で独自の世界をすでに確立していることが多いのが特徴です。

このタイプと鑑別を要する疾患に、統合失調性人格障害やＰＴＳＤがあります。統合失調性人格障害の場合、社会的な関係をもつことを嫌います。他者の賞賛や批判に対しても無関心です。一方、ひきこもる若者たちは、表面的な無関心さとは裏腹に他人との関係を強く求めています。彼らは普通以上に褒められることを望み、また、批判されることに極端に敏感です。

この結果、九〇年代にはアパシー群は減少傾向にあり、そして、非アパシー群、特に不安型と人間不信・トラウマ型の社会的ひきこもりは増加しています。また、不適応状態は選択的ひきこもりから社会全般からのひきこもりへと変化していることがわかってきました。

（17）罪責念慮

うつ状態やうつ病になると、ほとんど根拠なく自分を責めたり、過去の些細な出来事を思い出しては悩んだりするようになります。一つのことをくよくよ考え込んで、何回も何回も他の人に確認をしたりするようになることもあります。こうした状態が進むと、研究や仕事がうまく進まないことや、不況のために会社の成績が落ちていることまで自分の責任のように思えたり、さらには不況になったことまで自分のせいだと妄想的に思いこむようになります。すべての失敗が自分に責任があると思い込むネガティブな感情のことを罪責念慮といいます。

（18）確認強迫

強迫症状とは強迫性障害の症状で、強迫観念と強迫行為からなります。強迫症状の内容には個人差があり、人間のもつ、ありとあらゆる心配事が要因となり得ます。不潔強迫がその代表的な症状です。確認強迫は、外出や就寝の際に、家の鍵やガスの元栓、窓を閉めたか、電化製品のスイッチを切ったかなどが気になり、何度も戻ってきては執拗に確認することをいいます。つまり、ばかばかしいと思いながら、度を越して気にしすぎ疲れ果ててしまいます。

四　長期にひきこもる若者の調査から見えてきたこと

外部相談の開始

和歌山大学保健管理センターでは、データの蓄積を基礎に独自のひきこもり回復支援プログラムを開発しました。その詳細は第六章で述べることにして、ここでは外部から依頼のあった五年以上ひきこもっていた四六名の青年を対象に、三年間試験的にこのプログラムを実践しました。

【調査期間】二〇〇二年から二〇〇三年
【調査対象】二〇〇二年と二〇〇三年にひきこもり相談に訪れた四三名
【調査方法】ひきこもる若者にメンタルサポーター・アミーゴを派遣し、三年後の経過を検討

社会的ひきこもりとしては重症例で、調査対象者は家族との会話もみられず、自宅に閉じ込り、食事も運ばせる、完全に他者との交流を絶つ、いわゆる中核群と考えられます。

この結果、アミーゴが受け入れられれば、六か月内に約九割がアミーゴと外出可能になるのですが、些細な事件を契機に再度ひきこもることが多く、再発を防止するにはソーシャル・スキルやコミュニケーション能力を高める必要があり、自助グループが効果的であることが明らかになりました。詳細

は後述します。

不登校からひきこもりへ——ひきこもりという新たな生活への適応

ひきこもりの長期化を防止するために何が必要なのか、長期化に入るターニングポイントについて考えてみます。私はひきこもりが長期化する過程を観察していて、異文化圏での生活への適応過程と非常によく似ていると感じるようになりました。

異文化圏で生活をするとき、最初の一か月間は新たな生活環境下で不安と期待で精神的緊張が強くなります。このとき適応に失敗すると急性錯乱や不安発作を主症状とした急性の精神病状態が生じます。そして、三か月ころになると期待はずれや習慣の違いから生じるトラブルで不満や怒りが高まります。三か月までを異文化に適応するための第一関門と考えています。この段階をクリアするための後押しをするのは、本人の使命感やホスト側の配慮です。

第二の山場は六か月ころにやってきます。このころになると周囲の関心も薄れ、同時に外国人だという甘えも通じなくなります。張りつめていた緊張感から解放されると同時に、疲れが一気に吹き出し落ち込んだりする時期です。

こうした初期適応がうまくゆくと、二年目ころに再び不安状態が強くなります。本来のホスト文化への適応が開始するためです。私が行なった留学生に関する調査においても、不安度が高くなる留学生が多くなってきます。ようやく自国の文化とホスト側の文化の比較が可能となり、ホストサイド、例えば日本人やその社会が許せないほど嫌になるという人も出てきます。本当に日本に来てよかったのかを悩み考える、つまり異文化圏での本来のアイデンティティ確立期間の開始です。そこで、ひきこもりという新たな生活への適応といった観点から長期化の過程を考えてみましょう。

五　ひきこもりの長期化とその病態

ひきこもりの長期化は深刻な問題です（表9）。ひきこもりの長期化とともに、若者がどのような精神状態に追い込まれてゆくのか、そして、その状態から抜け出すのには何が必要なのかを考えてみたいと思います。

第Ⅰ期　家庭への一時的な撤退（〇から六か月）

〇から六か月の不登校状態と呼べます。自宅や下宿に完璧にひきこもるということはまずありません。教師や両親は積極的に関与する時期であり、登校を進める叱咤激励を親や教員が行ないがちです。しかし、これではプレッシャーが強くなる一方です。若者は不安と救済への期待の中で苦しんでいます。安全な家庭にいったん撤退し、十分な心身の休息と治療が必要です。

大学生に対して私は、二週間以上不登校やひきこもりがちになったときに、気軽にセンターに相談するよう指導しています。病院精神科などの医療機関とは異なり抵抗感が少ないと思います。

表９　ひきこもりの長期化と対策

	状態像	対処方法
第Ⅰ期（０～0.5年）	ひきこもり・不登校状態⇒不安、救済への期待。教師や親の活発な関与〈親は、いつも子どもの味方〉	・家庭に一度撤退する ・心身の休養
第Ⅱ期（0.5～３年）	再適応への失敗⇒失望、葛藤、世間対を気にして身動きが取れない 同輩の進学、就職⇒家庭内暴力 〈普通になりたい〉	・回復支援プログラム（主にステージⅡ、Ⅲ）
第Ⅲ期（３～10年）	ひきこもり状態での安定化⇒あせりの内在化 〈今のままでいるほうが楽、しかし…〉	・回復支援プログラム（ステージⅠ～Ⅳ） ・回復支援の具体化
第Ⅳ期（10年～）	親の老齢化、経済的破綻⇒不安、抑うつ状態、親子心中といった最悪の事態を防止 〈ホープレス〉	・精神保健・福祉関係者の関与の必要性

彼らとの出会いに成功し、私のもとに出てくることが可能となると次は学業をどうするかです。親御さんの最大の関心は卒業です。ある程度人間関係が成立すると、私は学生に大学をどうしてやめないのかともちかけます。大学をやめて何かしたいことはないかとやんわりと問いかけます。もちろんほとんどの答えはＮＯです。万が一、あるとの返事が返ってきたときは、実現できるように具体化の方策を考えて後押しをします。「他にやりたいことはない、卒業はしたいのだが授業に出れない」と苦しみ続けるのが普通です。

そして、親との話の中で感情的になり、大学をやめると言い出す学生も多く出てきます。そこで、まず休学を勧めます。親が授業に出てほしいと考えるのは当たり前のことですから、ゆっくり考えるため、休学期間中に親を安心させる口実を探そうと働きかけます。例えば、「目的が定まれば他大学の再受験、専門学校、また、就職するのもいい。ただ落ち着いたら教養単位だけはとっておこう。編入したくなる人も多いから」といったふうにです。現在通っている学校への復帰だけが唯一の道ではないこと、いろんな可能性があることを先輩の具体例をあげて説明しています。これまでの結果では、九割がたの学生は私の大学で学業を再開しています。

最近では中高校生の不登校の相談もよく受けるようになりました。この場合、少し対応が異なります。将来の受験や進学の問題があり、親御さんの不安感は非常に強くなります。大学入学という通過儀礼を本意ならずとも通過した大学生とは異なり、本人もそのことを強く意識しています。不登校となるきっかけも、勉強、先生や同級生との人間関係、そして、イジメなど多様で、複雑に絡み合っています。容易に解明することはできません。

原因探しはゆっくり行なうとして、このような状況ではまず、ほとんどの子どもたちは過度の不安や軽度の抑うつ状態におちいっていると考えましょう。不登校学生は登校するということにストレスを感じ疲れています。まずは一か月程度の無条件の心と体の休息が必要です。この段階ではうつ病の治療と同じです。無理やり気分転換のための運動などをすることは避けましょう。

一か月ほど休養したあとは、登校刺激をある程度行なう必要があります。無理な刺激はもちろんダメで、友達や学校との最低限の接触を維持することを原則としています。授業に出席できなくても、保健室登校はできないか、緊張感をもたらさない教科やクラブだけでも参加できないかといった学校側と交渉が必要です。この役目は通常、学校カウンセラーにお願いします。学校に行けない場合は、夕刻や土曜日、日曜日に友達と遊ぶことを勧めます。

不登校の子どもさんに対しては、ＮＰＯの支援センターやメンタルサポーター制度も充実してきています。私は、不登校の生徒を受けもった経験がある学生の家庭教師をつけて、その学生と不登校児を対象としたいろんな催しに参加させています。家庭にひきこもることをさけ、同世代の子どもと最低限の接触を維持できるよう配慮しています。話をする友達がいれば塾もいいでしょう。

私は、早期の児童青年期精神医学を専門とする医師による治療やアドバイスは必要と考えています。昨今、精神科医療の敷居は急速に低くなりました。対応さえ間違えなければ、早期の精神科受診は、子どもたちのこころの傷とならないと考えています。ただ、むしろ医療の側の対応に遅れが目立ちます。思春期を専門とする精神科医が少なく、クリニックに多くの不登校の子どもさんが相談に訪れても、精神病でないからとなんらアドバイスもなく帰してしまっていることも多いようです。また、医療側の情報が乏しいのが現状です。

あくまでもこの時期は、親が学校や教員と同じ立場に立つのでなく、どこまで子どもの味方であり続けられるかにかかっています。心が傷ついたフーテンの寅さんを迎える妹さくらと柴又の草団子屋の家族、万年平社員の釣りバカ浜ちゃんを温かく支える妻みち子さんと息子鯉太郎の家族を思い浮かべてください、そこには安心してひとときをくつろげる家庭環境や家族があります。

この二家族はごく普通の家族です。そんな家族が普通と考えられなくなった現在の社会にも問題があります。傷ついた不登校やひきこもる若者を受け入れるのに必要なのは、特別な対応でなくごく普通の家族としての自然な思いやりです。不安な心を癒してくれる家族のもとで休息することで、不登校やひきこもり状態になった若者は社会に出ていくことが可能となります。

五月病

この時期の精神状態に近いのが五月病です。新入生や新社会人が、五月の連休明けころから急に元気をなくし勉強や仕事に意欲を失い、学校や会社を休んで家や下宿でゴロゴロと無気力に過ごす状態を五月病いいます。五月病は、疾患名ではなく、八〇年代に注目されるようになった新しい社会・生活環境への不適応から生じた軽いうつ状態を意味します。環境の激変から生じるストレスの蓄積による心身の疲労が原因です。

まず、次のような性格の人は要注意です。大学生の場合は、長い受験勉強や就職活動後の目的を達成し、開放感や喜びから次の具体的な目標がつかめないでいる学生（肩の荷降ろし型）、学校や職場への過剰な期待を抱いている学生（あこがれ型）、そして、センター試験に失敗して、あるいは不況で仕方なくといった、不本意入学した学生（妥協型）です。最近は五月病のパターンより、三回生の後半から講義内容についていけない息切れ型が義務教育での生徒の不登校と同様に多くなってきています。

治療の基本はうつ病の治療と同じです。抑うつ気分、思考や行動の抑制、不安・焦燥感といったうつ病の三大症状が大なり小なり出現します。症状が軽い場合は、ストレスとなっている勉強以外のこと、友達と話したり、のんびりと音楽を聴いたり、軽くスポーツをやるのがいいでしょう。あくまでも好みに合ったものを選んでください。気分転換のためにと、無理をして興味のないことを始めるのは禁物です。二週間以上経っても学校に行けない場合は、精神科など専門医のもとを躊躇することなく受診するようにしましょう。

抑うつ状態が軽微だったり、心身の疲労が回復しても不登校状態が続くことがよくあります。そのときの対応について少し述べます。彼らは不登校状態となったことを極度に恥じているのが普通です。気分転換は必要なのですが、なかなか同級生とおしゃべりをしたり、スポーツで気分転換をしたりすることはできません。仲の良い友達がいれば週末に会うことを進めています。勉強が遅れるという不安も強くなります。そんなときはサポーターを家庭教師代わりに派遣することもあります。

心の風邪、うつ病

ひきこもりの合併症としてよくあるうつ状態、うつ病について説明します。誰もがかかる可能性があり、心の風邪といわれています。しかし、風邪もこじらせると厄介なので早期治療が重要となってきます。几帳面で完全主義なひきこもる若者は、うつ状態におちいるハイリスク者であり注意が必要です。

うつ病になるきっかけは、一般的に病気、ケガ、特に入院や手術をした後、就職、転勤、昇進、退職、結婚、出産、子どもの結婚、配偶者の死、親しい人との離別などとさまざまですが、不登校やひきこもりはうつ状態を引き起こす原因であり、また結果としても生じます。

うつ病の症状は、日内変動があり、朝から午前中にかけて強く出ることがよくあります。熟睡できず、朝早くから目が覚めるのですが頭が重くてなかなか起き上がれない、高齢者の場合は、朝トイレで新聞を手にしても内容が頭に入ってこないと感じるようになったらうつ病を疑います。

無気力、根気のなさ、興味や関心の低下、思考力減退、集中困難、記憶力低下、判断力低下などにより、「認知障害になった。自分はもうダメだ。このままでは仕事仲間に迷惑をかけてしまう」と急に仕事をやめてしまうこともあります。すべてのことを悲観的にとらえるようになるのです。また、初期には全身倦怠感、頭痛、肩こり、不眠、食欲不振といった身体症状が中心でうつ状態に気づかれないこともよくあります。

うつ病はもちろん治ります。最近では、副作用が少ない良い薬があります。休養と薬物療法で一か月もあれば苦しい状態から必ず抜け出せます。よく起こす過ちは、うつの人を思うあまり必死に慰め、励ましの言葉をかけることです。

励ましの言葉は、「家族や友人がこんなに自分のことを思ってくれているのに私はダメな奴だ」と一層その人を追いつめる結果となります。それで、回復を遅らせ、あるときは自殺に追いやります。静かに訴えに耳を傾け、見守ってあげてください。自分の人生観など説いて聞かせることはもってのほかです。また気分転換に外に連れ出すなどはやめてください。体の疲れをとり、枯渇したエネルギーの充足を待たなければなりません。

自殺者の八割はうつ状態になっているとの報告があります。普通、誰もが状態の悪いときに自殺すると考えがちです。ところが自殺の要注意時期は、このように一か月ほど治療して状態が良くなったときです。つまりよく眠れるようになり、食欲も増し、話す言葉に力強さが感じられるようになり家族や周囲の人が安心したころです。回復期の危険な状態を過ぎてから先輩としての助言や気分転換が必要となってきます。

第Ⅱ期　普通の学生に戻りたいが戻れない（六か月から二、三年）

六か月から二、三年までの社会的ひきこもり状態です。学校や社会への復帰に失敗し、失意の中で普通になりたいともがき苦しんでいる期間です。家族は救済を求めさまざまな相談機関を訪れ、ひきこもる若者は世間体を過度に気にして身動きがとれないでいます。

頑張って少し外に出ても、久しぶりに誰かに会うと、何を話したらよいか、どんな顔をしたらよいかわからず混乱状態に陥ってしまいます。そして、こんな生活をしている自分をダメなやつだとか、特殊な病気だと思い込んでいることも多いです。その憤りがつのり、家庭内暴力へとつながるのです。特に、同輩の進学や就職時期にそれはピークとなり、家庭訪問すると目を覆いたくなるような惨状に出くわします。

また子どもがひきこもって家で毎日毎日ブラブラしている姿を見ていると、親がいら立ち小言も言いたくなります。その親の言葉に彼らのプライドが傷つき、ひきこもり状態から脱出しようと焦ります。もちろん、自分の力では抜け出すことは容易ではありません。普通は再適応に失敗し、さらに挫折体験を強化します。失望や不安から精神状態がさらに不安定となり、親子関係はさらに悪化します。ひきこもり体験自体がトラウマとなり悪循環を繰り返すのです。ここで何とか悪循環の連鎖を断ち切ることが必要となります。

プチ家出の勧め

悪循環の連鎖を避けるために、大学生にはよくプチ家出を勧めることがあります。ひきこもりから回復の途中で、時々大学に出てくることが可能となった学生がよく愚痴をこぼすようになります。「普段は何も言わなかった父親がついに切れた」「一度は先生との話し合いでおとなしかった母親が、またくどくど説教を再会した、三時間も続く」などを訴えて来室します。マダラひきこもり学生が、家でいたたまれなくなった、どうしたら良いのかと嘆くのです。友達がいれば、その友人宅に身を隠すことを勧めるのですが、ひきこもる学生にとってそんな友人はいないのが普通です。

そこでプチ家出を勧めます。これも彼らから学んだ知恵です。家出の期間は、一、二か月が理想的ですが、できるだけ長く頑張れと言います。実際は、数日で逃げて帰るか、心配した親に連れて行かれるのが常です。場所としては、漫画喫茶やネットカフェがほとんどです。それで親御さんと学生を交えての相談となります。ここでも親子の言い分にかなりの開きが出ます。ご両親としては我慢に我慢をした結果であり、そして、大学をどうするのか返事を求めてもはっきりとしたことを何も言わない、それで、顔をみているとつい怒ったり説教してしまう、家を出てくれてもいいのだとの意見です。一方、学生はせっかく頑張ってセンターでの相談に行けるようになったのに、親に何時間も、何時間も小言を繰り返し言われると何もしたくなくなる、返事はしているが親は聞く耳をもたないとの見解です。

そのためきちんとした下宿生活を勧めます。下宿生活をきっかけに再登校し始めることがよくあります。家庭内暴力が激しくなり、少なくとも親が家を出て近くのマンションを借りて暮らすよりはベターだと考えます。ただし、大学生の場合は条件をつけます。一年間下宿代だけは払ってもらい、一、二か月内にアルバイトをみつけ、食費や小遣いは自分で稼ぐとの約束をさせます。大学生がアルバイトを探すのは比較的簡単でサポーターも手伝えるからです。

家庭内暴力は解決の好機

私は家庭内暴力の時期を第三者の介入の好機と考えています。家族で抱え込まず第三者の関与（精神保健の専門家など）を求めるようにしましょう。もちろんひきこもる若者は、他者を受け入れることに抵抗します。しかし、受け入れてしまうと親への暴力に抑制がかかり、本人も救われた気持ちになります。よく失敗を母親のせいにして責め続けています。しかし実際には、彼らは親に申し訳ないという気持ちと、それなのに親への攻撃をやめられない自分を責める気持ちの間で苦しんでいます。時には自殺にいたることもあります。

第三者の介入は、彼らを苦しみから解放する契機となります。興奮したり、親に暴力を振るったりする学生の家を訪問すると、「息子をこんな状態に追い込んだのは自分の責任だ」と親が自信をなくし自分を責め、奴隷状態に甘んじていることがよくあります。また、子どもの母親への暴力に見かね、父親が子どもに暴力を振るうことがあります。

暴力に暴力や無条件の受容は事態を悪化させます。子どもを大学入学するまで立派に育てたのですから十分です。親には毅然とした態度をとるようにしてもらいます。暴力の程度によっては警察への通報も必要です。私は親に対する身体的な暴力が何回も続くときには、必ず警察を呼んでもらいます。「親に手を出すと許さない」が私の口癖です。警察が入ることで暴力を振るった現実を直視するきっかけとなります。もちろん逮捕されることはありません。

少し落ち着いてくると、「高価な物は壊すな。皿や障子ぐらいにしろ」と命じます。意外と学生は私の要求を聞き入れてくれます。彼らは暴力を振るった後、常に後悔し、自責の念を強め苦しんでいるからです。暴力を振るってすっきりしないとよく言います。しかし、物を壊すなどのほどほどの憂さ晴らしには私は賛成です。

第Ⅲ期　今のままが楽、しかし……（二、三年から一〇年）

二、三年から一〇年は、家の中だけの生活に慣れ、またあきらめから表面的には安定期に入ります。いわゆるひきこもり生活に適応した状態です。ともすれば、家族はこの平穏さを壊すことを恐れ、アミーゴの受け入れに躊躇することが多く、また、アミーゴを受け入れないと決めてかかる両親もいます。しかし、本人はひきこもり状態から脱したい、普通の生活を送りたいけれども、現在の安定した生活を崩すのは怖いといったアンヴィバレントな感情、両価性[19]でもがき苦しみ続け、両親も不安に怯えながら同じ思いをもっています。それゆえに、両親に具体的な方策があることが伝わると、私たちの家庭訪問を受け入れてくれます。家族にいかにうまく私たちのプログラムを説明できるかにかかっています。

私も今では自信をもって関与の必要性を家族に伝えられるのですが、プログラムを開始当初は戸惑うことも多く、治療を遅らせてしまったこともありました。この時期に限らず、家で問題が少なかったり、精神症状が弱かったりするほど積極的な関与に躊躇し、治療を遅らす傾向があります。

第Ⅳ期　精神福祉関係者の関与の必要性（一〇年以上）

二〇〇四年一〇月一八日、大阪府東大阪市で三七歳の男性が病に倒れた両親を殺害するという事件が発生しました。男性は、高校時代から約二〇年間ほとんど家を出ない生活を送っていたようです。このころ、このような二〇年間もの長期にわたって自宅にひきこもった青年が、生活不安から将来を悲観して親を殺害するといった不幸な事件が続きました。

このケースでもそうでしたが、ひきこもり始めて間もなく本人は一、二度精神科を受診するのが普通です。そこでの説明に納得がいかなかったり、病気でないから治療の必要はないと言われ医療機関を受診しなくなってしまいます。それで、家族だけが精神科医やカウンセラーのもとを訪れ相談を続けているケースが多くみられます。そして、何ら方策が見つからず若者のひきこもり状態が続き、一〇年以上経過すると第Ⅳ期に入ってしまいます。

このケースでも、まず父親が交通事故で障害を負い働けなくなりました。父親を介護しながら家計をやりくりしていた母親も脳梗塞で倒れ、事件の数年前には寝たきりとなっていました。ひきこもっていた若者は、どうしたらよいのか途方に暮れ、また、他者に相談することもできずホープレスの状態となり、両親を殺し自殺を図ったのでした。

その後も長期間ひきこもる青年の事件が新聞で取り上げられ、「若者の凶悪犯罪＝ひきこもる青年による犯罪」との印象を与えました。そのため最近、「ひきこもりと言ってほしくない！」とか、「ひきこもりと呼ばれるのは嫌だ。ニートにしておいてくれ。早く、フリーターと呼ばれたい」と訴えるひきこもる若者が多くなりました。

ひきこもり状態が一〇年以上も続くと、親の老齢化やその結果生じる経済的な破綻により、安定したひきこもり生活が続けられなくなります。その危機的状況に対して、何一つ問題解決への現実的な対応が思い浮かばず、強い不安、抑うつ状態、ホープレスな状態に陥ります。その結果、貧困による[20]親子心中と表現するのがふさわしい不幸な事件が起こりました。

このような不幸な結果を防止するために、病気に倒れた親に対する介護サポートはやらなくてはいけないことであり、また、親に対するサポートを介してひきこもる若者への介入も可能となります。

そのためにも、この段階では精神保健・福祉関係者の関与の必要性が強く求められます。

ひきこもりの長期化を防止するために

アミーゴが受け入れられれば、約半年以内に九割がた外出可能になることがわかってきました。そのためには回復支援システムの全体像を具体的に説明すること、そして、アミーゴの派遣は、ひきこもり期間により生じた精神症状やそのタイプによる心理特性を配慮して慎重に派遣する必要があります。派遣はできる限り早期に行なうのが効果的であることはもちろんのことですが、ひきこもりの再発を防止するためにはひきこもる者とアミーゴが一緒にグループ活動に参加することが重要となります。若者の興味を引くには多様な受け皿が必要となります。

これまでの一〇年以上にわたる実践的研究で、ひきこもりの基本的障害は、人間関係の希薄さやソーシャル・スキルの未成熟さ形成不全であり、不適応から生じた二次的症状の治療だけでは解決しません。そして、ひきこもりの長期化を防止するにはソーシャル・スキルやコミュニケーション能力を高める必要があり、自助グループが効果的であることが明らかとなりました。そこで開発したのが次章で解説します「和歌山大学ひきこもり支援プログラム」です。

(19) 両価性（アンヴィバレンス）
相反する二つの感情、意欲、思考が同時に生じることです。この対立は同じ価値で対立し、相容れず人はその間で葛藤し苦しみます。例えば、同一人物を愛し、同時に憎むのを感情の両価性、望むことをやらず、望まないことをするのを意欲の両価性、「私は神であり、悪魔だ」といったように、ある意見とそれに反対の意見が同時に表明されるのを思考の両価性といいます。

(20) 親子心中

自分が自殺しようとしたとき、自分の子(まれに親)が現世に一人残されるのを不憫に思い、子(または親)を殺して自殺することをいいます。実質的な無理心中となりますが、日本では悲劇と考えられることが多いです。元来、多額の借金や生活苦によるものが多く貧困心中と呼ばれていましたが、近年では子どもの入学の問題や老老介護の介護疲れが原因となることが増えています。

第六章　和歌山大学ひきこもり回復支援プログラム

一　ステージⅠ（導入期）

二〇〇二年に、それまでの二〇年間に蓄積してきた一一八事例のデータ基礎に、独自のひきこもり回復支援プログラム（**表10**）を開発して、学内外のひきこもる若者の支援活動を開始しました。このプログラムは、ステージⅠ（導入期）、ステージⅡ（治療期）、ステージⅢ（仲間作り）、そして、ステージⅣ（社会参加）の四段階で構成されています。プログラム概要を、導入期から説明します。

精神科医や精神保健の専門家による診断の必要性

大学生では下宿生活をしている学生が多いため、不登校やひきこもり状態にある学生の把握に苦労します。かつては四年間クラブ活動だけ熱心にしていて、四年間に一単位も取っていない学生に、卒業式の時点で親御さんや私たちが気づいたこともありました。それが許されたよき時代でもありました。今ではそんなに悠長なことを言っておれなくなり、和歌山大学ではすべての学部が成績表を親元

表10　和歌山大学ひきこもり回復支援プログラム

ステージⅠ（導入期） ・家族へのプログラムの具体的な説明 ・専門家による診たて ・メンタルサポーター・アミーゴ派遣　（週２回、１回２、３時間）	・ひきこもり相談（和歌山大学保健管理センター、和歌山県精神保健福祉センター、病院、他） ・専門家による訪問診察（最近では車で母と駐車場まで出てくるケースが多い） ・密室状態化した家庭に、第三者が入る必要性。苦しみを共感できる仲間の派遣
ステージⅡ（治療期） ・薬物療法、個人精神療法 ・家族療法、親の会	・一歩踏み出すために、一時的に医療的な後押しの必要性 ・家族支援
ステージⅢ（仲間作り） ・居場所（安心して群れる場）への導入	・１～２か月はアミーゴが同行する。 ・集団精神療法（５～６人）→自助グループ（老賢人会、現在はアミーゴの会）への参加 ・ソーシャル・スキル、コミュニケーション能力を高める
ステージⅣ（社会参加） ・社会参加への準備	・学生サークル（ラテンアメリカ研究会）との協同、ボランティア活動 ・アルバイト体験、就労支援

に送るようになりました。また、単位取得状況をみて学生を呼び出す修学相談の体制も整備されてきました。

学生を大人扱いできなくなったのは少し残念ですが、何らかの原因で不登校やひきこもり状態におちいっている学生が六か月以内に気づかれやすくなったことは事実です。この他春の健康診断、パンフレットの作成やホームページでの充実で、心の病の早期発見がかなり進みました。

現在、私は和歌山大学保健管理センターの他、和歌山県精神保健福祉センターと精神科病院の三か所でひきこもり相談を行なっています。ひきこもる若者には対人緊張の強い若者が多いため、予約制で他の人とできる限り顔を合わさないですむ環境を設定しています。

しかしながら、最初からひきこもっている若者本人が、相談や診察に来ることはまずありません。親御さん、ほとんどは母親が相談に訪れます。まず私たちは、ひきこもり開始時期、期間、契機、性格傾向、精神症状の有無、そして、修学や職業歴などからこれまでのソーシャル・スキルの獲得度など、母親からできる限りの情報を得るように努めます。この情報により、ひきこもりが精神障害や発達障害に起因するものかどうかなどある程度判断ができます。しかし、最終的な診断は本人の診察が必要となります。

いかにしてひきこもる若者と出会うか？

まず家族に、その子どもさんに近い事例をあげ、具体的にプログラムの全体像を丁寧に説明します。次に専門家に相談したことを本人に伝えてもらいます。

数回かけ、具体的な方策があることがうまく伝わると、長期にひきこもる外部の絶望感にとらわれていたひきこもる若者でも、診察や相談に応じてくれることが多くなりました。特に、家族一緒に車で大学や病院の駐車場まで出てくるケースが多くなっています。車の中はひきこもる若者が身を隠す自宅での部屋の延長であり、ほぼ同じ雰囲気を有する閉鎖空間です。それほど緊張は高まりません。二、三回目に私が駐車場に止められていた車まで出向き、車中で診察することにしています。ひきこもる若者との「出会いは車中で」が、今では私の口癖になっています。

私と一対一での面接が可能になると、時機を見計らって兄貴分となるサポーターを一名面接の場に呼び紹介し、三人で会話する機会をもちます。若者と家族との間にまず私が入り、それからサポーターを導入し、そして小集団への参加へと導くようにしています。

最悪の場合、精神科医である私が数回家庭や下宿を訪問して正確な精神状態を把握し、社会的ひきこもりと判断した場合、メンタルサポーター・アミーゴを週二回、一回約二時間派遣しています。私の訪問は家族から本人に必ず伝えてもらいます。諾否の返答がなかった場合は原則的に家庭を訪問します。強く拒否した場合は、時間をおいて何回か家族への説明を続けます。普通、メンタルサポーターが受け入れられれば、約半年間で九割近くの若者がサポーターとともに外出可能となります。つまり、他人とのかかわりを受け入れられると、必ずひきこもり状態は改善に向かうといえます。

下宿でひきこもってしまった場合にどうすべきか？

「子どもの下宿を訪ねても鍵を開けてくれないが、仕送りしたお金が通帳から減っているので生きているかどうかは確認できている。管理人と相談して、内からかけている鎖を切断して中に入るべきかどうか迷っている」とご両親が相談にみえます。もちろん、鍵を壊してまで無理やり突入してはいけません。

また、熱心なゼミの先生や同じゼミの学生が、心配して毎日のようにメールで励ましてくれたり、頻回下宿を訪問してくれたりすることもあります。それでもひきこもった学生は、部屋から出てきません。むしろ逆に抵抗を強めることが普通です。最初は成績や研究と関係のある教員や学生の訪問は控えてもらいます。担任の先生、ゼミの指導者、そして、同級生やゼミ生には月に一、二度程度、電話やメールで「元気か、調子が良くなったらいつでも出てくるように」といったふうに、見放していない程度に声をかけてもらいます。彼らは、先生には申し訳ない気持ちで、そして、同級生やゼミ生に対しては自分だけが頑張れないとの劣等感でいっぱいです。この期間は、授業や研究と関係のない私たちに任せてもらいます。

まず私は、親と一緒に下宿を訪問して簡単な声掛けをします。もちろん、一度で出てきてくれることはまずありません。親にメールや手紙で私の存在やプログラムのことを簡単に伝えてもらいます。詳しくはセンターのホームページを見るように情報を流してもらいます。その後、私が一人で週に一度程度下宿を訪問し手紙を差し入れてきます。手紙の内容は、無理をして授業やゼミに出る必要はないこと、苦しいときは休学にしてゆっくり考えるのもいいのではないかという提案、そして、アミーゴの部屋の存在やそこに同じような不登校やひきこもり経験のある学生が集っていることなどを伝える簡単な内容です。

手紙を差し入れ、声を掛けているうちに彼らはドアを開けてくれます。四、五回以上、手紙を差し入れるのが普通です。声掛けした後、二〇分はドアの前で待っています。顔を見せてくれるときも時間がかかります。決断するのに時間がかかるからです。ドアを開けてくれれば、ほぼ成功です。下宿で話し、了解を得てメンタルサポーターを同行させます。そして、話が進むと食事に誘うことにしています。

気心を通じ合うのには、一緒に食事をすることが一番です。なるべくメールでなくて手紙を届けるようにしています。私の苦労を察してか面接に応じてくれる成功率が高いからです。メールを使うのは、アミーゴの会の情報や私が下宿を訪問することを伝える程度にしています。

また、事例3(一流大学症候群)のように、最近他大学の学生のひきこもり相談がよくあります。下宿生活をしていて、ひきこもって二年になるが無理やり実家に連れて帰った方がよいのだろうか悩み訪れます。それは私の大学の学生の場合も同じですが、やめてもらいます。強引に連れて帰り失敗した苦い経験があります。意見を言わないので、自宅に無理やり連れ戻されてしばらくして自殺した不幸な事例もあったからです。

本人が家に帰ることを同意した場合も、少しお金が無駄になりますが下宿をしばらくそのままに残しておくように伝えています。早急な退学届の提出もやめるようにしてもらいます。まず休学にして、負担を軽くしてあげて親子の会話や治療者との会話がある程度できるまで待ってもらいます。

なぜ、アミーゴがひきこもる若者に受け入れられるのか?

最近、他大学やNPOでひきこもり回復支援活動をしている方がよく来られます。そのときの、一番多い質問は、なぜ、和歌山大学のメンタルサポーターはひきこもる若者に受け入れられるのかということです。私は、「アミーゴはひきこもる若者と同じ匂いを発しているからだ」と答えています。

あまりに非科学的な意見なので失望して帰られる人も多いのではないかと後悔しています。

私も一時はサポーターとひきこもる若者の両者の心理テストを実施して、各ひきこもりタイプと良好なサポーターの相性パターンを研究しようと努力はしたのですが途中であきらめてしまいました。私の適当さが第一の原因ですが、毎年、私のセンターでは十数名のひきこもり経験者がアミーゴとして集まり、その中から数名が本人には迷惑なことだと思いますが、メンタルサポーターとして活動してくれます。それだけでも恵まれているほうでないかと感謝しています。贅沢は言っておれません。

昨年からようやく三名のサポーターを非常勤職員として雇えるようになりました。私のような加齢臭を漂わせるものは最初の数回の診察や相談だけで十分です。また、ひきこもっている若者を救ってやるのだと熱心に勉強する学生や、修士論文を書くために訪問したいという優等生はメンタルサポーターとして関与することをお断りしています。ひきこもる若者は彼らと苦しみを共感しうる仲間を求めているからです。

他府県の方からの相談――最初の相談はどこにしたらよいのか……

各都道府県にひきこもり相談センターが設けられています。まずは公的な相談機関に相談しましょう。五、六年前でしたか、カリスマカウンセラーとマスコミで騒がれていた女性が運営する、医師が関与しない民間収容施設で死亡事件が起こりました。家庭内暴力に疲れ果てた家族が、この施設に子どもの収容を依頼したのです。今ではひきこもる家族だけでも相談に応じるのが医療機関の常識となっていますが、まだ本人が受診しないと治療できないと相談を拒否する病院が多かったころのことです。

数人の男性がひきこもっていた若者の家に駆けつけ、力ずくで施設に連れていき、その挙句、興奮するので手錠などをかけ拘束し、この若者を死なせてしまったのです。この施設には医師はもちろんのこと、誰一人として資格をもつ専門家がいなかったと聞きました。詳しい資料を入手していませんが、その若者は精神障害に起因するひきこもりで苦しんでいたのだと思います。病気のこともわからず、強制的に収容し拘束していたのです。その結果、悲惨な結末を迎えました。

強制収容や拘束だけでも違法行為です。ひきこもる若者を抱える家族は、公的なひきこもり相談機関や治療施設のたち遅れから、やむを得ず医師が関与しない民間収用施設、催眠や自己開発セミナー、民間療法や新興宗教に助けを求める時期がありました。少なくとも医師が関与した相談機関を利用しましょう。

成功のポイント

①説明の際は、家族が自分の意見を言わないようにしましょう。

例えば、「素晴らしい取り組みだから行ってみなさい」というように、プログラムの概要（現在はパンフレットも作成している）や長期のひきこもりから抜け出した仲間が自由に集まる居場所があることなどの情報だけを伝えてもらいます。

②ひきこもり期間が短い場合、一、二か月は家庭での休養と治療を目的としましょう。
すでに説明しましたが、学校や職場で不適応をきたし、強いストレスを生じています。軽いうつ状態に陥っていることが多々あります。まず、休養と治療を優先します。登校刺激などは避ける必要があります。

③本人と会えなくても、メンタルサポーター・アミーゴ[21]が閉塞状態にある家庭に入ることは、そのこと自体に意味があります。

ひきこもる当人に数回会えないと、話しながら、ケーキや夕食をいただくだけだがいいのかと、派遣したアミーゴが悩み始めます。無意味ではありません。閉塞状態にある家庭に第三者が入ります、しかも、同じようなひきこもり経験や精神的な悩みを克服した少し年上の若者です。彼らの経験話は、家族を安心させます。また、ひきこもっている若者も聞き耳を立てています。唯一の依存対象である母が見知らぬ若者と談笑するようになるのですから。嫉妬心も彼を動かす契機となります。

(21) メンタルサポーター・アミーゴ
保健管理センターで治療やケアを受けている学生に対し、修学や就職、そして友人や家族の問題などを支援する先輩学生のことです。自分自身もひきこもりなどの心の問題で悩んだ学生が多いです。和歌山大学ではこのサポーターのことを、スペイン語のアミーゴ「心をゆるせる仲間」と呼んでいます。二〇〇二年度からは非正規職員として三名のOBをメンタルサポーターとして雇用できるようになりました。この三名ばかりでなく自分のこころの問題を解決途上にあるアミーゴたちが、後輩学生の面倒を見てくれています。三名は非正規職員ですが、指導者としてではなくあくまでも先輩として助けてくれています。給料は彼らの社会に独り立ちしてゆくための奨励金と私は考えています。

二　ステージⅡ（治療期）

ステージⅠから次の段階に入る過程で、ステージⅡはステージⅢと同時に進められます。精神科医や臨床心理士が担当します。ひきこもりの遷延化にともない不安感の高まり、心気症状、対人恐怖症状から関係・被害妄想にいたる多彩な精神症状が二次的に出現します。そのため、ひきこもり状態から一歩踏み出す際に精神医学的治療や家族カウンセリングは不可欠となります。

ひきこもる若者への精神医学的治療の必要性

よく家族の方に、ひきこもりは病気でないのにどうして薬を飲まなくてはいけないのかと聞かれます。ひきこもり期間が短い場合にも、軽度の抑うつ状態がよくみられます。まして、数年以上の長期間ひきこもっていたときのことを考えてください。メンタルサポーターの協力が得られたとしても、一歩外に足を踏み出すことがどれほどの緊張感をもたらすか容易に想像できると思います。緊張で心臓が張り裂けるように鳴り響き、周囲の視線が痛く突き刺さり、周囲の空気自体が彼らに強い圧迫感をもたらしています。ワンステップ、段階を進めるためにはこの外出時の緊張を緩和する必要があります。必ず短期間は緊張を緩和する専門家による薬物療法が必要です。同時に集中的な精神療法も当然必要となります。

彼らは、自分はダメな人間だと否定的な考えをもっています。また、多くは、現在の人生の落伍者としての自分があるのは、ひきこもり開始時の母親の態度による、母親の責任であると確信し攻撃を続けることがあります。彼らの誤った考え方を修正するために認知療法[22]を主とした個人精神療法をゆっくりと開始する時期でもあります。

家族療法や家族会の必要性

すぐに問題解決するような完璧な治療方法はありません。いったんアミーゴと外出するようになっても、また、精神科医のもとを受診するようになっても、時には外出の誘いや診察を断ったり、気分の変化の波は続きます。一喜一憂する必要はありません。叱咤、激励、そして、議論をやめてください。といってもこれまで何度と失敗を繰り返してきたご家族にとって冷静さを保つことは容易なことではありません。そこで家族療法や家族会の参加をお勧めします。

ひきこもる若者を抱えた家族は、いつまでこの状態が続くのかと不安と焦燥感で苦悩しています。そういった親の姿が、子どもの負担やプレッシャーを高めます。つまり、ひきこもり体験事態がトラウマとなり悪循環を繰り返すのが特徴です。そこで何とか悪循環の連鎖を断ち切ることが必要となります。

この悪循環を親子のコミュニケーションが断つとよく言われますが、私は親子の対話の改善は至難の業であると考えます。私の場合、まず第三者、つまり精神保健の専門家やメンタルサポーターを、密室化した家庭に送り込むわけです。冷却期間をもてるようにする、親子間の適切な距離をとれるようにすることから開始します。

もちろん、家族の不安への対応は重要です。そこで家族の不安を和らげるための治療的介入、家族療法が必要となります。このとき、家族を介しての子どもへの治療的働きかけが成否を決定すると主張する専門家が多いと思いますが、私は反対です。理由は、すでに述べましたように悪循環を打ち破るには、つまり悪化した家族関係を改善するためには、密着しすぎた親子関係の距離を少し離す必要があると思います。そのために私は、親と子に対し別々に治療介入することにしています。できればそれぞれの治療者も異なる方が好ましいと考えています。

親子間の適切な距離は、悪循環を断ち切ると同時に根本的なひきこもりの解決への一歩となると確信しています。ひきこもる若者の基本的課題は、対人関係の希薄さや困難さ、そして、ソーシャル・スキルの未成熟さにあることに関しては専門家の意見が一致するところです。中でも私は、ソーシャル・スキルの未成熟さをひきこもりの根本的な問題の一つと考え、その改善を第一目標としています。

この二つの課題を解決し、最終目標である家族からの自立や社会参加を実現するためにも、この段階からあまりにも濃厚な親子関係から離別する緩やかなスタートが必要と考えるからです。それでひきこもる若者に対して私たちのプログラムへの導入を、そして、親御さんに対しては専門家による家族療法や家族会への参加を勧めます。

親の生活の正常化

親御さんは徐々にご夫婦中心の生活に切り替えていってください。ステージⅡからステージⅢにいたる過程でよく受ける質問があります。もう長年夫婦で旅行もしていないのですが、子どもを放って旅行してもよろしいでしょうかと。私はむしろ旅行を勧めています。子どもさんを一人で残しておくことに不安があれば、サポーターを泊りに行かせますとお答えしています。ただし冷蔵庫が空になってもお許しくださいと。もちろん彼らは一人で居れます。ご両親が仲良く旅行する姿を見て、寂しさの感情と同時に、肩の荷を降ろしたようなほっとした気持ちに襲われることでしょう。

成功のポイント

①兄弟・姉妹のかかわりは最小限にとどめます。

親御さんは、兄弟に「助言をしろ、話し相手をしろ」などと言いがちです。これはやめてください。いわゆる普通に大学に通い、あるいは、仕事をしている兄弟に、彼らはコンプレックスを感じています。本人にとって苦痛以外のなにものでもありません。ひきこもっている兄弟に対して理解に乏しいのはごくあたりまえです。お前はクズだと罵り続けている兄弟すらいます。

②家庭内暴力は解決の好機、家族で抱え込まず第三者の関与（精神保健の専門家など）を求めます。このことは長期化の防止の第五章一二一ページを参照ください。

③思春期以降の子どもにはスキンシップを行ないません。

大人として扱うよう心掛けることが必要です。

④ひきこもる若者のペースにあわさないようにしましょう。

(22) 認知療法

人間は世界のありのままをみているのではなく、その一部を主観的にみて解釈し「認知」していいます。その認知には必ず個人差があり、客観的な世界そのものとは異なっています。それゆえ、誤解や思い込み、拡大解釈などが含まれると自らに不都合な認知をしてしまい、結果としてさまざまな嫌な気分（怒り、悲しみ、混乱、抑うつ）が生じてきます。認知療法ではこの認知の歪みに対し、反証や多面的解釈を生み出す手助けをします。つまり、不快な気分や不適切な行動の背景にある「認知」に着目し、この不都合な認知⇓気分の流れを紙などに書いて把握すること、また、それらに別の観点を見つけるべく紙に書いて修正を試みることを治療の基本とし、近年、うつ病の治療にその重要性が取り上げられています。

三　ステージⅢ（仲間作り）

ひきこもりの解決に一番重要なこの段階は、専門カウンセラー、私の大学では非常勤の精神保健福祉士（ＰＳＷ）と臨床心理士が中心となり担当します。そこにメンタルサポーターが加わります。[23]私どものアミーゴの会は十数名の大所帯で、しかも、ある程度人間関係が成立しているアミーゴの会に、新たなメンバーが最初から入るのには抵抗があります。まず少人数で実施している集団精神療法や話し合い会に、仲間となったメンタルサポーターと一緒に参加させます。

遠方からの相談者や年齢的な問題で私どもの居場所、アミーゴの会を利用できないことも当然あります。私が他の居場所を紹介する場合には、医療機関と連携がとれていて、メンタルな専門知識のあるスタッフが複数いるところを紹介することにしています。新たな対人関係が始まります。対人緊張が強くなり、さまざまな二次的な症状の悪化や問題行為はもちろんのこと仲間間でのトラブルがよく生じることです。

集団療法は半年間の約束で週一回、一時間実施していましたが、現在は週三回実施しているキャンパス・デイケアのプログラムの一つとして行なっています。その場に必ずアミーゴも一、二名参加させています。自分の気持ちを言語化する、また、対人スキルを磨く場であり、ロールプレイ、[24]ソーシャル・スキル・トレーニング（ＳＳＴ）、[25]芸術療法などの技術が用いられています。その後、本人の希望により自助グループ「アミーゴの会」や学生サークル「ラテンアメリカ研究会（ＬＡ研）」などの活動へと導入します。

和歌山大学保健管理センター内には、か弱い若者が群れる場、居場所としてアミーゴの部屋が設けられています。自助グループの活動の場です。自助グループは一九九三年に「老賢人会」として結成され、二〇〇三年にアミーゴの会に名称を変更しました。

彼らの中から、これまで優秀なメンタルサポーター・アミーゴが大勢誕生しました。この居場所作りには苦労しました。大学内で料理をしたり、トランプやカードゲームをして遊んだりする場を提供しています。そして、最近ではＷｉｉ（テレビゲーム）まで備えているのですから、部屋を作ったものの、この部屋に懐疑的な大学関係者から「廃止しろ」という圧力との闘いの連続でした。ようやくプログラムの効果が世で騒がれるようになり、抵抗勢力の声が小さくなっています。

また、自助グループ内でのトラブル処理に頭を痛める日々の連続でした。「なんでもありのたまり場」と称しているのですが、ちょっと油断すると好ましくない意図をもった集団のメンバーが入り込もうとすることもありました。今では、私が必ず診察や面談して許可したものをアミーゴの会のメンバーとしています。そして、必ず専門家であるスタッフが見守る意味で関与することにしています。問題行為や仲間内でトラブルが生じることも当然起こります。早くそのことに気づき個人カウンセリングや医療へと持ち込む体制が必要です。

この自助グループのアミーゴの会の他に学生サークルＬＡ研がセンターで活動しています。ＬＡ研

表11　自助グループ・アミーゴの会の活動内容

	行事内容
毎日	PM5：30より、ゲームなどをして自由に集う。
週間行事	木曜日：二つのサークルのミーティング、留学生を講師に実践会話教室（留学生との交流会を兼ねる） 金曜日：「文化と心の病」勉強会。
月間行事	１、２回：合同料理教室、食事会。
年間行事	・１泊２日のメンタルヘルス研修会。 ・交流キャンプ。 ・大学祭でのエスニック料理販売や報告会。 ・マヤ民芸品販売、グアテマラ・コーヒー販売、そして募金活動などグアテマラ内戦被害者支援のためのボランティア活動と海外遠征。 ・写真展や音楽グループなどの展示発表会。

は一九八二年に私が学生に結成させたサークルで、マヤ先住民の内戦被害者やハリケーン被災者の支援活動を展開しています。

自助グループでは、釣り、カラオケ、音楽、そして、写真など、学生のためと言いたいのですが、主にカウンセラーの趣味に合わせ、さまざまな活動（表11）が小グループに分かれ行なわれています。

主な活動内容は、週一回の「文化と心の病」と銘打った自主演習は、メンタルサポーターとしての最低限の精神心理面での知識を習得することと、単位の取得に苦労するアミーゴたちの救済目的を兼ねたものです。主な二つのサークルの合同行事としては、夏休み期間に実施する仲間作りと国際ボランティア研修旅行（図1）、一泊二日のメンタルヘルス研修会、そして、交流キャンプなどがあります。

すでに述べましたがアパシー・ドクターであった私は、大学生時代からマヤ文明の地に出かけるようになりました。私が和歌山大学に勤務するようになってすぐに学生に作ら

マヤ先住民内戦被害者・ハリケーン被災者の子どもたちとの交流会を通じて仲間作りをしよう！

参加者を募集！

保健管理センターでは、二つのプロジェクトを実施しています。ひきこもり回復支援プロジェクトとマヤ内戦被害者やハリケーン被災者の支援活動です。グアテマラ共和国では、36年間続いた内戦と、さらにその後ハリケーンが追いうちをかけるように村々を襲い、今も多くのマヤ先住民は貧困や精神的苦痛に苦しみ続けています。保健管理センターでは、これまで国際ソロプチミスト和歌山等の援助を受け、現地に支援センターを設立し、10年間にわたり貧しくて学校に通えない子どもたちの教育支援活動を展開してきました。今回、これらの子どもたちとの交流会を通じ、現在、日本の若者が抱えるさまざまな課題を再認識する目的で、保健管理センターでメンタルな問題を抱える学生の自助グループ・アミーゴの会とボランティア活動を続けるラテンアメリカ研究会の合同で研修旅行を実施することとなりました。

・ 仲間作りが苦手な学生諸君。
・ 国際ボランティアやマヤ文明に興味ある学生諸君。
・ ひきこもり経験者で、脱出過程で目的がつかめず悩んでいる青年諸君。

研修会に参加し、自分探しをしませんか。

図１　仲間作りと国際ボランティア研修旅行

せたのがＬＡ研です。毎年、一度は学生を連れ現地調査や支援活動を行なっています。最初はマヤ文明に興味のある学生が集まってきましたが、次第に老賢人会のメンバー、特にアパシー学生が加わるようになりました。そして、思わぬ成果が得られました。彼らが、あるときには自分は老賢人会のメンバーである、また、就職活動時などはＬＡ研のメンバーだと二つの名前をうまく使い分け始めたのです。

ＬＡ研とアミーゴの会の活動がマスコミ報道で取り上げられ、学内外で有名になってくると困った事態も生じました。アミーゴの会のメンバーは、「なかなか卒業できない問題のある学生の集まり」としてネガティブなレッテルを貼られ、肩身の狭い思いをするようになり、就職活動にも支障をきたすようになったのです。一方、両グループのメンバーが重複していたり協同して活動することが多いのですが、ＬＡ研の学生は、発展途上国でボランティア活動をする積極的な学生と認知されるようになりました。

そこで考え付いたのがＬＡ研とアミーゴの会の使い分けです。不登校学生や最近の台風の被害に対するボランティア活動ではアミーゴの会のメンバーと称し、一方、就職活動ではＬＡ研のメンバーとしての活動を表に出し、上手く使い分けをするようになりました。残念なことですが、日本社会ではまだまだひきこもりを克服した経験はマイナスとなっても、プラスとなることはあまりありません。

仲間作りと国際ボランティア研修旅行

国際ボランティア研修旅行で成果があった一事例があります。中学時代に不登校になり、高校に優秀な成績で入ったが一日も出席できずに二〇歳を過ぎて相談に訪れる若者が多くなりました。その多くは長いひきこもり生活から対人関係での困難を抱えています。私と一対一で話すことが可能になっても、大学生中心のアミーゴの仲間との集団活動になかなか馴染めない若者がいます。どうしたものかと思案に暮れていたある日、それまでのありとあらゆる相談所を訪れ、大変な努力にもかかわらず一向に改善する気配が無いことに失望し、最後のチャンスと藁にもすがる思いで、ある若者の両親が私のもとを訪れ、海外遠征に連れて行ってやってほしいと訴えました。そして、無謀にも私は引き受けてしまったのです。

その若者の成功体験を契機に、外部の若者もＬＡ研が主宰する海外遠征に参加するようになりました。そこで開始したのが、仲間作りと国際ボランティア研修旅行です。そのころはまだひきこもり支援プログラムが完成していませんでした。私との面談だけが可能となった状態で参加した若者もいました。その一人がシンポジウムで語った当時の心境の一部です。

私は中学二年の途中からひきこもり始めました。きっかけは過敏性腸症候群という、少しでもストレスを感じると下痢を引き起こすという病気です。はじめは軽くおなかが痛くなる程度でしたが、次第におなかを下すようになりました。おなかが痛くなっても、まわりの目を気にしてトイレに行くことができませんでした。おなかが痛いのを我慢し続けていました。しかしある日、みんなと一緒に授業を受けている目の前で、便を漏らす寸前にまでなりました。そういうことがあって、次はもう、「みんなの目の前で完全に漏らしてしまう」と、「みんなの前で恥をさらしたくない」という気持ちが強くなり、それ以降は学校にも行けなくなりました。そして、本格的にひきこもるようになりました。いろいろな病院へ通ったりしたのですが、内科的な異常はみあたりませんでした。そして、原因がわからない状態で高校受験を迎えてしまいました。高校に行きたいという気持ちはあまりなかったのですが、やはり親の希望や世間体もあるし、とりあえず受けるだけ受けに行きました。

なんとか高校に無事合格したのですが、結局一年目の段階で二週間ぐらいしか通うことができませんでした。休学している間もずっと家にひきこもっていました。外に出ることもなく暇なので、夜中になるとインターネットをして、朝方になると寝るといった昼夜逆転の生活をずっと送っていました。

（中略）

心療内科に通院するようになり、少しは下痢の症状がよくなりました。それで復学を考えたのですが、高校一年生の年下の子と一緒に勉強するのが嫌で美容専門学校に通う決意をしました。

四月になり美容学校に通い始めたのですけれども、薬とカウンセリングによる治療を始めていたものの、高校生のときと一緒で、すぐに授業を受けられなくなってしまいました。でも、そこで素晴らしい学校の先生と出会いました。特別に配慮していただいて、みんなが授業を終わってから個人授業をしてくれました。こういったこともあって、何とか卒業したのですが、結局またひきこもってしまいました。

二一歳のときに、和歌山大学の「ラテンアメリカ研究会」が毎年夏に行なっている海外ボランティアに参加しないかとの話がありました。遠征前に一度しかメンバーとの顔合わせはなく、ほとんど話をしないまま参加してしまいました。遠征は第一陣、第二陣と分かれていて、私は第二陣として行くことになりました。

第二陣は私を含め三人と少なかったこともあり比較的に気を使うこともなく、また、体調を崩すことなく米国を経由して、無事グアテマラ共和国に着くことができました。しかし、現地に着いたら大所帯の一六人ぐらいになっていて、出発前に一度だけ顔あわせ程度にしか面識のない自分は、きっかけを失い孤立してしまいました。そして、二日目に体調を崩してしまいました（著者註：会食恐怖[26]のあることを両親から聞いていましたが、あえて特別扱いをせず、皆と一緒に食事をさせてみました。案の定、二回目の全員揃っての食事の途中で倒れてしまいました。傍にいたマヤ人は死んだのかと心配していました）。みんなが自分の看病をしてくれて、二日後には体調は良くなりました。

体調が戻ってから二日後の夜に転機となる出来事がありました。一部のメンバーが集まり、自分たちの弱さや抱えている問題など、私に対して語ってくれたのです。会って間もない私に、とても深い内容の話をしてくれたことに気を許し、また、あんなにワイワイ楽しそうにして悩みなんてないように見えた人たちが、こんなに悩みを抱えて生きているのだということを思うと、私一人が苦しいわけではないのだなと思うようになりました。

この出来事がきっかけでとても積極性が出て、「自分一人が苦しい思いをしている」という考え方が変わってきました。帰国後もそのメンバーの人たちとの交流は続けさせてもらい、次第に大学というものに興味をもつようになりました。そのあと大学資格検定を取って和歌山大学へ入学させてもらいました。

私は、このときは少し乱暴すぎたと反省していま す。彼は、これが最後の機会だと思って死ぬ思いでグアテマラ行きを決心したと述べています。そして、行けと命令するのでなく、この情報を与えてくれた両親に感謝するよう伝えました。ひきこもっている若者たちは、彼のように自分だけが苦しんでいると思いがちです。仲間作りとボランティア体験研修旅行は、同じように苦しんでいる仲間がいることを知り、生活を共にする場を提供するだけでも意味があ

図２　国際ボランティア研修旅行

ると思います。さらに、内戦で父親を殺害されて、小学校で学ぶことはもちろん、十分な食事も取れない現地の子どもたちと交流して、少しでも親に対する見方が変われればと願い国際ボランティア研修旅行を続けています（図2）。

ただ外国に行けばいいということではありません。帰国後、海外遠征参加者は他のＬＡ研のメンバーやアミーゴの希望者と一緒になって、私たちのマヤ先住民内線被害者支援センターで作った民芸品やグアテマラ・コーヒーを持ち帰り、大学祭、人権フェスタなどさまざまな機会で販売するなどのボランティア活動を行なっています。このように両グループが助けあうことによって、自助グループの活動の幅を広げるとともに、社会参加を勧める良い効果をもたらしています。

ボランティア活動といったはっきりとした目的があり、出発前からその目的を共通の話題として会話する機会を設けることは重要です。彼の場合、ご両親の必死の思いを考慮し十分な準備も無く参加させました。もちろん、こういった学外での活動には、医師や保健師、カウンセラーなど専門家の同行が必要です。

ひきこもりの解決は若者の手で――メンタルヘルス研修会

メンタルヘルス研修会は、二〇〇三年から年に一回、土曜日から日曜日にかけて一泊二日で実施しています。参加者はメンタルサポーター・アミーゴのメンバーと募集して集まった学生です。これまで和歌山県の北部のかつらぎ町から、最南端串本までの各地で六回実施しました。そして、二〇一一年の夏に再開しました。

研修会は、土曜日の午後に、「ひきこもりの解決は若者の手で！　―ひきこもりから脱出するために―何故、若者がひきこもるのか？　その解決方法は？」のタイトルでの公開シンポジウムからスタートします。

一例として、和歌山県有田郡湯浅町での公開シンポジウムのプログラムを以下にあげます（表12）。

家族からの手痛い質問攻め

毎回、六〇名から一〇〇名のひきこもる若者を抱える親御さん、あるいは不登校やひきこもりを支援する専門家が参加してくれました。このときフロアからの質問時間を多くとったのですが、毎回、大変なことになりました。ご家族、ほとんどはお母さんですが、シンポジストたちが質問攻めにあったのです。親は必死になり子どものことを考えているのに親の非難ばかりする、親の気持ちをまったくわかっていない、などなどです。ひきこもり経験者のシンポジストが声を失ったことはもとより、参加していたひきこもり経験者が親御さんの生の言葉に強烈なショックを受けたようでした。

夜は、一グループ四、五名に分かれての分科会と鍋を囲んでの楽しい食事会（最近ではお酒を飲む人は少なくなりました）です。分科会は講演者、司会者、そして、シンポジストがリーダーとなっての意見交換会です。ここで、「親はそこまで深刻に考えていたのか、親の気持ちが少しはわかった」との意見が多く聞かれました。翌日は、海や山の探索を行ないます。海では釣りをしたり、カヌー遊

表12　公開シンポジウムのプログラム

挨拶
　和歌山大学におけるひきこもり支援プロジェクト概略
　　　　宮西　照夫（和歌山大学保健管理センター長・教授）

基調講演
　「不登校、ひきこもり、そして、ニート　―その心理特性―　」
　講師　石橋　玄（国保日高総合病院・精神神経科、臨床心理士）

シンポジウム
　「これまでの実践活動からみえてきたこと」
　司会　尾崎　則子（和歌山県精神保健福祉センター、主査）
　　　　宮西　照夫（和歌山大学保健管理センター長・教授）
　シンポジスト
　　　　石橋　　玄（国保日高病院、精神神経科、臨床心理士）
　　　　河野　洋輔（和歌山大学、アミーゴの会）
　　　　永井　契嗣（エル・シティオ、ひきこもり青年の共同作業所）
　　　　和歌山大学学生サークル代表

指定討論
　精神保健福祉士、和歌山大学自助グループ老賢人会創始者、他びをしたりします。

この研修会の成果は、一つは親御さんの気持ちの理解が深まったこと、もう一つはこのシンポジウム参加をきっかけに家族会が作られていったことです。

外国人研修生や留学生も参加しての交流キャンプ

交流キャンプはＬＡ研とアミーゴの会が協同で行なっていました。場所は私の郷里、和歌山県日高郡美浜町の煙樹ガ浜です。美しい松林と砂浜があります。二つのグループの他に私の大学の留学生とインドネシアの若者中心の外国人研修生が参加しました。特に、料理は定番のカレーに加えインドネシアやタイなどの留学生の母国の料理が毎回作られました。対人緊張が強い学生たちも、たどたどしい日本語で必死に自分の思いを伝えようとする留学生や研修生とのコミュニケーションにはそれほど抵抗がないようでした。

一方、日本人の友達作りに苦労している留学生や研修生にとっても、良い機会になりました。とにかく日本人は控えめと思い込んでいる留学生や研修生の目には、対人関係をもつことが苦手で言葉数の少ないひきこもり経験者は日本的な普通のおとなしい若者と映っていたようです。不器用ながらテントを組み、火をおこし、そして、海辺で花火を楽しむ、小さいころから塾通いに明け暮れしていた若者には初めての経験ばかりのようでした。

また、学費を稼ぐために大学を休学して研修生として働く東南アジアの青年の、コンテナを住居としての日本での過酷な生活や労働環境、それにもめげずにお金を貯めて母国で勉強し働こうとする同世代の青年に、自分はそんな生活はできないと言いながらも少なからず心を動かされたようです（図３）。

自助グループのイベントをいかにしたら持続できるのか

自助グループのメンバーだけに任せておくとイベント内容が具体化できないことが多くなってしまいます。金銭感覚がないので、お金もめちゃくちゃ使いますし、予算計画が立てられないこともありますので、フォローが必要となります。

釣りなどの野外活動、バスケットなどのスポーツ、そして、食事会とそれぞれのイベントのたびに責任者を決定しています。責任者は二名

図３　交流キャンプ

くらいにします。責任者をリーダーにミーティングの機会を設け、イベント内容、場所、自己負担の金額などを決定し、その決定をミーティグに参加できなかった仲間を含め全員にメールで連絡します。ミーティングには専門家は参加せず、どのようなメンバーになったか、場所はどこか、自己負担はいくらかをイベント責任者やサポーターに後で聞きます。自主性をなるべく尊重し、私やカウンセラーのアドバイスは最低限にします。

二〇名以上のアミーゴがいると、グループが分裂することがあります。それはむしろ好ましい自己主張です。だれそれが責任者のときは、スポーツは参加したくないといった仲間が出るのが自然です。メールで連絡を受け、最初は断われないと悩むメンバーも多く、そんなときは私に連絡するように伝えています。私やカウンセラーは参加できなかったメンバーのケアにあたることにしています。全員がすべてのイベントに参加できると考えるのは不自然であり、参加できない人が出ることのほうが自然な集団です。

仲間作りに一定の方程式などありません、私たちが仲間作りの機会や場を提供するだけです。ひきこもりから脱出した若者たちは、自分たちの力で仲間を作ってゆきます。

成功のポイント

①仲間作りの場で彼らが安心を得るまで、アミーゴも一緒に参加させます。
②社会参加はあわてないようにしましょう。少し遅くなっても仲間と馬鹿なことをして戯れ、汗

をかく時間が必要です。

（23）精神保健福祉士（ＰＳＷ）

精神保健福祉士は精神障害者の保健、および福祉に関する専門的知識・技術をもち、精神障害者が医療や社会復帰促進施設を利用する際の相談や援助を行ないます。社会福祉士は、医療、高齢者、児童、身体障害者など福祉の全分野を業務としますが、精神保健福祉士は精神障害者の保健や福祉に特化したソーシャルワーカーです。

（24）ロールプレイ

他者の社会的役割や自分自身の新たな役割を演じること。人間関係の訓練や心理療法の手法として用いられます。心理治療を目的とした場合、サイコドラマと呼ばれます。相手の立場に立つことで、その人の見方をよりよく理解し、その人の行動を新たな目で理解できるようにすることが目的です。例えば、相手をイライラさせている自分自身の態度や行動に気づくことができるようになります。

（25）ソーシャル・スキル・トレーニング（ＳＳＴ）

ソーシャル・スキル・トレーニングで、わが国では「生活技能訓練」と呼ばれています。精神障害者、特に人間関係に障害のある慢性精神障害者の社会復帰のために対人関係技能を改善するためのトレーニング技法として開発されました。自分の生活にとって大切な人たちに適切な感情を表現し、コミュニケーション能力を高めること目的とします。

（26）会食恐怖（症）

会食恐怖とは、人前で食事をすることを極端に恐れることをいいます。人と食事をしていると緊張のあまり食べられなくなる、吐き気がする、喉が詰まってしまう、さらには、おなかが痛くなるなどの症状が多くみられます。また、食べて気分を悪くしているところを他人に見られると、余計緊張して食べられなくなったり、自分の立てる音が気になったり、おいしそうに食べられないことが同席者に申し訳ないと悩み、余計にのどが詰まったり、冷や汗をかく、手や足がふるえる、などの状態に苦しみます。

四　ステージⅣ（社会参加）

ひきこもる若者は、対人関係が未熟で他の技能や生活能力は健常であるとよく言われます。確かに、ひきこもる若者は対人関係が苦手で対人接触場面で緊張が強くなることは事実です。しかし、私はソーシャル・スキルの稚拙さが、実生活への適応や社会参加を困難にしていると考えています。それで、社会的にひきこもる若者に対して、長期にわたる個人療法による心理面の強化は必要ですが、まずはソーシャル・スキルの向上を優先すべきであると考えて、集団療法やソーシャル・スキル・トレーニングに重点を置くようになりました。

社会参加の第一歩は、仲間と協同でのボランティア活動やアルバイト体験です。ボランティア活動の一環として、マヤの民芸品を売ったり、エスニック料理の模擬店を学外で出すのを手伝うメンバーも出てくるようになります。

夢物語であってもいい、彼らの言い分に耳を傾けなければなりません。もちろん、彼らの理想と現実の大きなギャップをうめる精神療法的アプローチは必要ですが、自己主張するためには、家からの経済的自立が前提であることを伝えます。また、仲間作りの場に参加できるようになりしばらくすると、アルバイトやパートの仕事をやってみたい、専門学校に行きたいなどと希望が述べられるようになります。社会参加への第一歩が始まったのです。このとき、これまで繰り返されてきた失敗を非難したり、悲観的な態度をとったり、逆に、仕事やすべての楽しみを犠牲にして子どものために尽くすのだと悲壮な決意をのべる両親が多く見られます。しかしこのことは社会参加をかえって遅らせます。仲間作りにより彼らが確実に変化していることを家族に理解してもらう必要があります。

まずは経済的自立から

「うちの子は働いてもいないのにお金をよく使う」と両親が愚痴をこぼします。しかし、お金の要求があるときはまだいい傾向と考えるべきです。お金をまったく使わず、欲しいものがないという返事が返ってくるときは長期化の兆しです。外来で治療している一〇年以上長期にひきこもっている青年の多くに、この傾向が強くみられます。物欲も大切です、欲しいものがなければ働きたくないのは当たり前だと思います。

本人は学校に行っていない、あるいは働いていないことに対する引け目や申し訳なさから、少し足りない金額を要求するので、小遣いは十分に与えるべきだと主張する研究家が多いのですが私は反対です。無制限に小遣いを与えたり、何年留年しても授業料を払い続けることには反対です。もちろん、彼らは親に申し訳ないという気持ちは十分もっています。しかし、親子のコミュニケーションの不足から、家の経済状態を正しく理解していないのが普通です。

一か月いくらと決めて、ある期間は一定にしてもらいます。そして、何年か過ぎると、あるいは何年か留年すると、少し不足する程度に計画的に減額してもらいます。もちろん、まずご両親で相談して金額を決定し、本人を交え家計の状況を説明して話し合ってもらいます。

例えば、猶予された一年間にアルバイトを開始させるという理由から、一年後に小遣いや仕送りを三割、二年後には半額にするように彼らの親を説得します。また、アルバイト開始時に対人関係での困難さや関係をもつことへの強い不安感が生じるのはひきこもりの特徴です。それで、アルバイト探しは、サポーターと一緒に行なうことにしています。すでにアバイトをしているアミーゴと同じアルバイトがあれば最善ですが、そうはうまくいきません。強く人目を気にするので、人目や人の出入りが少ない夜間のコンビニなどを選ばせます。学生であれば一対一の人間関係ですむ家庭教師は比較的抵抗なくやれます。

ひきこもる若者は、中流以上の家庭に多いと言われていますが、やがて大きな負担となってきます。そのときにあわてて急に経済支援をストップすると混乱をきたします。特に、長期化すると必ず親の経済的支援には限界がきます。経済的破綻が原因で、親子心中のような不幸な殺人事件が起こったことはすでに述べたとおりです。

最近、大学生の長期留年が問題化しています。何年も留年している学生に聞くと、「親に申し訳ないと思っている」と一見優等生的な答えが返ってくることがよくあります。

五、六年前まで私の大学では、「大学生は大人だ、子ども扱いはやめよう」との意見が強く、学生だけに成績を通知していた学部がありました。ところが、お金を払ってくれている親に対し責任があるとの意見に押され、二〇〇〇年ごろから成績表を親に送るようになりました。

このことに対する学生の反応をみますと、自分から成績を親に伝える必要がなくなり楽になった、単位が取れずに留年するのをいつ伝えようか悩み苦しむ必要がなくなったと肯定的なものが多数を占めました。大学は親への責任を果たしたと、そして、親からも子どもの成績を知ることで早く対応でき、手遅れにならずにすむと好意的な反応がみられました。私自身は、学生が子ども扱いされることへ抵抗を示さなかったことに対し少し寂しさを感じています。

ソーシャル・スキル・トレーニングの必要性

アルバイト先に電話をかけ、面接にまでたどり着かない仲間のためにトレーニングを行なう必要があります。私やサポーターが雇い主になって電話の練習、履歴書の書き方、そして、模擬面接を行ないます。このような場面ではロールプレイの技術が有効です。しかも、このトレーニングは将来の就職活動に役立ちます。これは学生が授業を再開するときも必要となります。私はキャンパス・スキル・トレーニングといっています。

何か月も不登校やひきこもっていると授業の流れや、講義室、そして、新学期の受講登録などがわからず戸惑います。彼らは単位を楽に取るアドバイスをしてくれる友人やクラブの先輩をもっていません。真剣に将来の役に立つ講義、自分の興味のある講義を選ぼうとします。受講登録の方法、時には講義室までサポーターが何回も同行して支援します。

ゆっくりできることは素晴らしいことだと思います。ただ、長く続いている経済的支援が、どの程度親御さんの負担になっているかを具体的に考える必要があります。もちろん彼らは、そんなことは十分にわかっていると主張します。しかし、親の給料や定年まであと何年あるのかを具体的に答えられる人は多くありません。また彼らは嘘をつくのが下手です。大学での実習や参考書に特別なお金がいるとか、今、研究がおもしろくなったのでもう一、二年卒業を延ばして勉強したい、研究家になるのだ、などと上手な嘘をついて遊ぶ資金を親からせしめた覚えのある方も多いと思います。

ひきこもる若者たちは正直すぎます。親を安心させる上手なうそをつくことができません。また、親は子どもをいつまでも自分の手中にとらえて、拘束、支配しようとするのはあたりまえのことです。その拘束や支配から上手に逃れるコツをつかむことが必要です。

成功のポイント

①すぐに理想的な仕事は見つかりません。まず第一歩を踏み出すことが大切です。
②経済的支援の要求に対して全面的否定や受容はしてはいけません。具体化と親の毅然とした態

度が重要です。
③社会参加時のストレスによる症状の再現や一時的悪化が必ず出現するため、治療的関与による後押しの必要性があることの理解が必要です。

五　ひきこもり回復支援プログラムの効果

自助グループの役割

私が一九八二年から二〇〇一年の間に経験した大学版の不登校学生は総数一一八名、そのうち自助グループ（老賢人会とアミーゴの会）が関与した学生は七二名でした。老賢人会だけに限ると三七名でした。これら大学版の不登校学生を五タイプに分類しました（詳しくは八七ページ）。これらの学生に対する訪問カウンセリング、個人精神療法、そして自助グループへの導入から社会参加にいたるまでのさまざまな取り組みを分析し、自助グループがいかなる役割を果たしたか検討しました。その結果は、（表13）が示す通りです。

プログラムを学外の長期にひきこもる若者たちに適用して

五年以上の長期間ひきこもっていた若者に対する私たちの試験的な取り組みの結果を簡単にお伝え

表13　自助グループの関与とその効果（1982～2001年）

	不適応をきたした学生数	内自助グループ利用者数	利用割合
卒業・就職	46名（39%）	32名	70%
留年・卒業・就職	59名（50%）	37名	63%
留年・退学	7名（ 6%）	2名	29%
卒業・未就職	6名（ 5%）	1名	17%
総　数	118名	72名	61%

します。アミーゴが受け入れられれば、六か月以内に九割がた外出が可能になること、居場所に定着するまでに二年以上の期間がかかること、そして、ひきこもりのタイプに合わせたアミーゴの選定が重要であることなどがわかってきました。このように社会的ひきこもりの解決には息の長い取り組みが必要です。しかし、必ず解決策がみつかります。そのためにもできる限り早く具体的な取り組みを開始することが重要です。

このとき、**表14**にみられるように、学外の相談者は四三名で、大学生と同じように男性三二名（七四パーセント）、女性一一名（二六パーセント）と男性が多数を占め、ひきこもり期間も男性が長くなっています。三一名を精神科医が面接し、一一名（三五パーセント…男性九名、女性二名）は明らかな精神障害や発達障害があると診断され除外されました。精神障害があると判断された六名（一九パーセント）は慢性の統合失調症でした。アミーゴが関与したのは一六名（五二パーセント…男性一〇名、女性六名）で、内一三名（八一パーセント）が平均約六か月でアミーゴと外出可能となりました。三年経過時に、大学や専門学校へ進学七名（男性五名、女性二名）、アルバイトなど

表14　アミーゴの関与状況（2002年、2003年度に派遣を開始）

	男性		女性		合計
年度	2002	2003	2002	2003	
外部相談者数	18名	14名	7名	4名	43名
精神科医面接 平均年齢 ひきこもり歴	13名 23歳 （17～30） 5.4年	8名 25歳 （16～34） 6.6年	6名 22歳 （18～30） 2.1年	4名 21歳 （18～24） 2.3年	31名
アミーゴ関与 平均年齢 ひきこもり歴	6名 23歳 （19～30） 5.6年	4名 20歳 （16～24） 5.2年	4名 19歳 （18～20） 1.9年	2名 20歳 （18～22） 2.0年	16名
統合失調症 （面接者中） 平均年齢 ひきこもり歴	2名 23.5歳 （19～28） 3.5年	2名 27歳 （20～34） 6年	2名 29歳 （28～30） 2.5年	0名	6名

に六名（男性二名、女性四名）が従事していました。アミーゴ関与者の八〇パーセント以上が、何らかの形で社会参加していることがわかります。

一二名（二八パーセント）は、最初は精神科医の訪問面接を最初は拒否しましたが、内九名が家族相談を継続した結果、後に精神科医のもとを三名が受診しています。

第七章　インターネットとひきこもり

一　バーチャル・コミュニティ世代の登場——二〇〇〇年代

リアリティの逆転現象——生の人間関係はかったるい

一九〇〇年半ばからメールとインターネットが急速に普及してきました。私の後輩の一人は、インターネットで知り合った東京の女性と結婚しました。遠距離恋愛から結婚、ここまで聞いてもそれほど驚かなかったのですが、そのあとが問題です。結婚してからも奥さんは東京で仕事を続けていました。女性に大変理解があるのだなと感心し、さぞかし熱い遠距離新婚生活を送っているのかと想像していたのですが、後輩はさめたものでした。「恋愛時代とあまり変わらないよ、インターネットで会話はできるし、べつだん不自由は感じていない、月に一回和歌山か東京で会えば十分だ」と言われショックを受けました。

結婚とまではゆきませんが、インターネットでの交際は大学生にとって普通になっています。同じ和歌山大学の学生が、インターネットやスカイプで交流しています。しかし、実際に言葉を交わすのは学外で行なうオフ会でたまに会うだけというのです。そんな面倒なことをしなくても、インターネットで知り合ったあとは大学で直接話したらよいのに、なぜ、そんな面倒なことをするのと聞くと、先生それは逆ですよキャンパスで交際すると何かと面倒です。生のつき合いは煩わしくて嫌ですと答えが返ってきます。言葉だけではなく、少し距離を置いて目と目で（マヤ人は口笛で）お互いの気持ちを伝える時代は確実に終わったのでしょうか。

事例10　社会的ひきこもり（リアリティの逆転型）【Kさん、二一歳、男性、大学生】

授業に出られないとの訴えでセンターを訪れました。父は会社員、母はパートで働くごく一般的な家庭の長男として生まれました。幼稚園では家の中で、小学校に入学してからもスポーツは嫌いで教室内で遊ぶことが多かったようですが、友達は普通にありました。中学時代にパソコンを買ってもらいゲームを始めるようになり、友人は次第に少なくなったとのことでした。

高校三年生の二学期に不登校が始まりました。それまでは学校を休むこともなく、理数系の教科を得意としたおとなしい優等生でした。それまでの成績が良かったこともあり、高校を卒業し大学に入学しました。

大学に入ってまもなく授業に出なくなりました。最初は講義に出るのですが、二、三回休むとズルズル休んでしまう状態が続いたため、二回生後期から休学しています。三回生の前期に復学して二二単位取得したのですが、後期に入り週に二、三回、それも午後からの授業のみ出席する状態が続いたためセンターを訪れました。

質問に対してのみ小声でうつむいて答え、しかもその内容は表面的で貧困な印象を受けました。無口でおとなしい学生と思っていたのですが、後日、他のゲーム好きな学生と話をさせると人が変わったように生き生きとゲームに関する知識を披露するので驚かされました。

寝ようと思えば眠れるが、ネットやゲームをしてつい夜更かしをしてしまう。それで朝に弱く、昼まで起きにくいとのことでした。外出は嫌いで、家でコンピュータゲーム、特にオンラインゲーム(27)をしていると楽しく満足できる、授業で楽しい科目はないが大学は卒業したいと訴えました。さらに、親の仕事や家族のことをまったく知らず、興味をもっていないことに驚かされました。

しばらく個人面接を続けていたのですが、面接を待つ間も他の学生と話すこともなく、ゲームを続けていました。あるとき、「今話をする友達がいますか」と聞くと、彼は重い口を開き次のように話してくれました。

初対面の人には、自分のことを詳しく話しません。今、親しい仲間は二人くらいで、名古屋と山口に住んでいます。昨日も彼らに会ってきましたというので、「驚いて一日ではそんな遠方の友達二人と会えないだろう」と質問すると、キョトンとして、ネットで会えますよと答えました。

「友達？　実際に会ったことは？」と尋ねると、友達です、「オフ会(28)」には二、三回参加したのですが、失望するばかりでそれからはやっていません。オフ会であっても別に話すことやすることはありません。友達の顔を見たくないし、もちろん、性別は関係ありません。友達とはネットで会うのが自然。外人の友達もいましたが、コミュニケーションがとりにくいです。外国人は略語を好んで使うので。今、やっているゲームはファイナルファンタジーです。基本的には戦争をするゲームです。モンスターをやっつけ、領土を奪い合うのが主な目的です。モンスターの味方についている、スパイのような人間はいますが、めったに人間は敵にいません。戦いには武器を使います。銃や剣です、魔法的な銃はありますが架空の武器はありません。一緒に闘う仲間は一度に一〇〇人くらい、五〇〇〇人以上で闘うこともあります。戦いは個人の力だけではどうしようもありません。友達が必要です。ゲームの内容はどうでもよく、「知り合いがいる」「ともに闘っている仲間がいる」のでやる価値があるのです。似たような趣味をもっている友人と出会えます。そして、楽しくゲームのことを話し合えます。顔は見えないのですが、性格はよくわかります。理解しえる唯一の友人です。

彼の友達はネット社会にのみ存在していることがわかりました。現実のキャンパスライフはおもしろくない授業と理解しあえる友人が一人もいない虚しいものでした。彼はネット社会にむしろリアリティを感じていたのです。

パソコン上に、現実社会に極めて近いバーチャルな世界があります。そこはスリルに満ち溢れ、常に新しいイベントが追加される退屈のない世界です。キャラを動かすのは、本物の人間なので会話も飽きがありません。バーチャルな世界ですが、そこには義理やしがらみ、そして、愛や憎しみが存在します。「ネット依存」の人は、現実社会では影が薄くても、オンラインゲームの中のキャラでは、皆の注目を集める「勇者」となりえます。その人にとって精神世界の上では、現実の自分は仮の自分であって、バーチャルな世界のキャラそのものが本当の自分なのかもしれません。

これでは不登校やひきこもり生活が生じてもごく当たり前です。まず私は彼にゲームに詳しい学生を一人紹介しました。私には意味不明な言語を多発し、生き生きと語り始め、キャンパス・デイケア室に通い始めました。やがてこのキャンパスでの友人と授業に参加するようになりました。

このように生の人間関係以上に、バーチャル・コミュニティでの人間関係が中心となった世代が確実に増加しています。彼らにとってひきこもり生活はバーチャル・コミュニティで生きる手段なのです。

大学で不登校・ひきこもり状態となったとき、彼は二日間寝ずにゲームをして、限界がくると一日中寝るといった生活を続けていました。

(27) オンラインゲーム
オンラインゲームの主流は、多人数同時参加型オンライン・ロール・プレイング・ゲーム（ＭＭＯＲＰＧ）です。オンラインゲームは好きなときに好きなだけやれるゲームで、主に、自分の部屋でするので衣服に気を遣うこともありませんし、部屋がかたづいていなくてもいっこうに構いません。また、ネット上は匿名社会ですから人間関係の煩わしさもありません。
しかし、その利便性の中には大きな落とし穴が潜んでいます。その兆候が、日本よりオンラインゲームが盛んな韓国で起きました。二〇〇二年一〇月に、八六時間オンラインゲームをし続けた二四歳の男性が死亡しました。また、中国では二〇〇二年四月に高校生がオンラインゲームをプレイ中、興奮死するという不幸な事件が重なりました。

冒険の中では、数名のプレイヤーがチームを組んで協力しない限り、強力なモンスターを倒せません。ですから、大きな冒険に出てチームで戦っているときに「イチ抜けた」はないのです。仲間と協力し合って戦っているわけですから、自分が抜けたためにモンスターにやられてしまい、チームのメンバーが死亡してしまうこともあります。

従来のロール・プレイング・ゲームのような一人遊びのゲーム専用機では、リセットすれば、たとえ死んでもなかったことにできますが、オンラインゲームでは一度「死亡通知」を出されると取り消しは不可能です。自分の都合だけではゲームをやめることができにくい心理環境を作り出すのもこのゲームの特徴の一つです。

(28) オフ会

オンラインゲームは匿名社会ですが、オフ会はそのゲームを楽しむ人たちが、オンでないオフ、つまり、ゲームをやっていないときに、実際に会うための会のことです。インターネットをやっているときがオンで、やっていないときがオフとなります。

二　テクノストレス症候群とネット依存症

テクノストレス症候群は一種のひきこもり

一九八〇年は、ニューメディア元年と言われています。八〇年代はそれまでの組織管理主義が影を潜め、みんなで力を合わせて業績を上げる、和よりも自己主張がよしとされる時代になり、ネットワーク化、労働の能率化や集約化が声高く叫ばれるようになりました。さらに急激な仕事場へのパソコンの普及により、労働環境が様変わりを余儀なくされてきました。

それと同時に、ＯＬ、サラリーマン、そしてソフト技術関係者の間で、人間嫌いになる人が増えてきました。コンピュータにのめり込みすぎて、生の人間関係が煩わしくなってくるのです。コンピュータは、問いかけに明確に返事をしてくれます。曖昧で感情的な人間との会話つきあいがまどろっこしく、疎ましくなってきます。

アメリカでは、日本よりも一〇年以上前からテクノストレス症候群が社会問題となっています。一九八二年にウォールストリート・ジャーナル誌は、アメリカのオフィス労働者の三〇パーセントはサイバーフォビア（Cyberphobia…人工頭脳恐怖者）にかかっていると報告しています。さらにコンピュータフォビアに関しては、一九八二年にアメリカのクレイグ・ブロードが「テクノストレス」を書き、そして、一九八四年にはカリフォルニア・シリコンバレーで、コンピュータ技術者のカウンセリングを行なっていたジーン・ホーランズが「シリコン症候群」や「シリコンバレー症候群の治療」を著しています。この中でコンピュータに夫を奪われた妻を、「コンピュータ未亡人」と呼んでいます。

現在においても、コンピュータ・ワーカーはまだ劣悪な環境におかれているといえます。彼らは自己主張する機会が少ないため、ストレスをためやすいのです。そして、テクノストレス症候群には、大きくは不適応からくるテクノ不安症と過剰適応によるテクノ依存症に分けられます。

事例11　テクノ不安症（コンピュータ恐怖症）【Lさん、四二歳、女性、事務職、既婚】

「申し訳ありません。せっかく良くしていただいたのにまた来てしまいました」と照れくさそうにLさんが私の元を訪れました。「彼女は、確か数年前……」と記憶を呼び起こしながらカルテをめくると、三年前の記録が出てきました。彼女の職場でも例に漏れず、コンピュータが職場に突然導入されることが通知され、いよいよ職場研修が始まろうというときに、仕事に出れなくなってしまいましたと受診しました。いわゆる食わず嫌いです。実は私も、コンピュータのキーボードを触るのに何か月もかかってしまいました。

「安定剤で不安を軽減しながらやってみると以外と簡単ですよ。あなたならきっとできます」と支持的に接しながら私の手元のパソコンを何度か触ってもらうことにしました。そして二か月後に彼女は、「意外と簡単でした、パソコンを使い始めると以前より仕事がずっと楽になりました。もう大丈夫です」と私のもとを去っていきました。

このテクノストレス症候群はＶＤＴ（Visual Display Terminal…パソコンのディスプレイ）作業をする人、特に女性に多くみられます。そして、ＶＤＴ労働従事者で精神的不調を訴える人は、他の職種に比べ四～五倍あると言われています。なぜなら、労働密度が高く、画面上の文字のちらつきは疲労を高めるからです。現れては消える文字を追う仕事は視覚を酷使するため、目や肩が凝るとか、指や腕が痛いと訴える人が多くみられます。また、慢性疲労から、不眠や抑うつ状態になる人もあります。

事例12　テクノ依存症候群（過剰適応）【Mさん、三五歳、男性、会社員（コンピュータエンジニア）、既婚】

疲れ果てた様子が表情から明らかな若い夫婦が、一歳になったばかりの娘を連れ受診しました。今にも泣き出しそうな表情で二九歳の妻が、「夫が仕事に行かなくなり家で暴力を振るうようになりました」と訴えるのでした。横で夫は、必死に威厳を保とうと胸を張り立っていましたが、すぐにうなだれてしまい、質問に対して弱々しい声で答えました。そこで、妻から様子を聞くことにしました。

Mさんは、高校時代よりコンピュータに興味をもち、大学で情報工学専攻しています。高校、大学ともに授業は皆勤という超きまじめ人間で、成績は優秀でした。卒業と同時に、大手コンピュータ会社に入社し、コンピュータに関しては誰にも負けないと自負していたそうです。メキメキと実力を発揮して、三四歳の若さで部長に昇進して、その間三二歳で見合い結婚しています。

仕事熱心で、結婚後も最初の一、二か月を過ぎると毎日夜の一一時を過ぎて帰宅する毎日になりました。そして、帰宅後も食事をとるとコンピュータに向かう生活を続け、三四歳で昇進しました。妻はこれで少しはゆっくりしてくれると喜んでいたのですが、逆に、朝方まで仕事をして入浴して勤務するといった生活が続くようになりました。

子どもにも恵まれ、これが先端企業で働くものの運命かと諦めていましたが、その内に夫は目が痛む、頚が痛むと訴え遅刻が多くなり、とうとう仕事を休むようになったので無理矢理に内科を受診させましたが、身体の異常は発見されず、疲れが原因でしょうと言われただけでした。休むのはいいのですが、集中できないにもかかわらず、家でもコンピュータに向かい、仕事が手につかない焦りからか、妻に当たり散らし暴力まで振るうようになりました。

ここまで私に話し終わったところで妻は、泣き崩れてしまいました。そのあとは夫から「寝ようと思っても眠れなくなったこと、ここ数週間は画面を見ているだけだがコンピュータを触っていないと落ち着かないこと、体の不調がとれないこと」などを訴え、最後に「コンピュータではこれまで誰にも負けなかったのに、もう私はダメです」と付け加えました。

症状から不安焦燥感の強いうつ状態と診断するのが妥当と考えられましたが、コンピュータへの過剰適応がその病態の基礎にあると考えました。

コンピュータ依存症に苦しむ人は、感情的に失感情的（Alexithymic）、つまりコンピュータに過度に熱中し、人間らしい感情を失ってしまい、論理的機械思考が中心になり自己中心的で閉鎖的な人間になりがちです。それで本来の自己洞察を促す心理療法はあまり有効ではありません。むしろ環境調節や身体から心に働きかける治療方法が有効である場合が多くみられます。

予防方法

連続しての作業は四〇分から五〇分までとして、一〇分ないし一五分の休憩を必ずいれましょう。そして、コンピュータ作業は一日四時間までとし、仕事中には「私」という言葉をなるべく多く使いましょう。帰宅二〇分前までに仕事を切り上げて、家族の顔（要するに一番ホッとできる人の顔）を思い浮かべるように心がけて、仕事が終わったときにおしゃべりをしたり歩き回りましょう。

朝は出勤時間の一時間前に起きて、のんびり朝食をとって、そして、仕事を家に持ち込まないで、音楽を聴いたり入浴などで十分リラックスした後に寝るのがコンピュータ依存症の予防となります。無駄と思える手芸や絵を描くなどの趣味、スポーツ、そして、地域サークルに参加し、人間関係を広げるのも必要です。

テクノ依存になりやすい人の性格として、執着的で凝り性、完全癖、きまじめで人嫌いがあげられます。クレイグ・ブロードは、引き受けた仕事に、必要以上に責任を感じる傾向、何でも自分の思いどおりにならないと我慢できない傾向、難しい問題を解くのに快感を感じる傾向、忙しく仕事をしていないと不安になる傾向をあげています。

きまじめなあなたまだ大丈夫ですか。一度自己チェックしてみましょう。

最近、自己の限界がわからなくなった、時間の感覚がなくなった、邪魔されるのが我慢できなくなった、オン／オフ（Ｙｅｓ／Ｎｏ）式の対話かできなくなった、そして、人と話すのが嫌いなったと強く感じたら危険状態です。

カードゲーム愛好家グループと化したアミーゴの会——再シェルター化からの脱出

仲間作りといっても道具が必要です。最初は私も参加できるトランプ遊びを始めたのですが長くは続きませんでした、次に私たちの学生時代に楽しんだマージャンを導入したのですが、理解できるのはごく少数のメンバーです。

そこで悩んでいたところ一人のカウンセラーがカードゲームを始めました。私は経験がなかったので後ろから見守るばかりでしたが、普段は深刻な顔をしている彼らが、奇声を上げて遊び始めたのをみて、また、次々と新たな学生も抵抗なく参加するのをみて素晴らしい遊び道具と喜んでいました。近所の団地の小学生も飛び入り参加することもありました。このとき初めて小学生に人気の遊びであることを知りました。何年もカードゲームに打ち込んでいた大学生が、小学低学年の子どもにもろくも敗れ去ることにもショックを受けました。何年もゲーム熱は続きました。

私はのんびり屋です。カードゲームを取り入れて数年経過して、他のメンバーから、彼らのグループは強固な団結ができあがっていてアミーゴの部屋で他の遊びや話し合いをしにくいので、もう一つ別の部屋を用意してほしいとの訴えがありました。

このときに初めて深刻な問題が生じていたことに気づきました。六、七人のカードゲーム愛好学生の顔ぶれがまったく変わっていないのです。彼らのまわりを取り囲む透明のカプセルの存在がはっきりと見えてきました。彼らの歓声もむなしく耳に響いてくるようになりました。授業への参加や社会参加も進んでいません。確かに下宿で一人で過ごすことなく、彼らは楽しい仲間を得ました、しかし、キャンパスや社会に出て他の学生や若者と話すことにおびえる若者であることに変わりありませんでした。

アミーゴの会は再シェルター化してしまっていたのです。遊びに酔いしれ、苦悩から解放される時間をもたせることは重要です。若者をアミーゴの会に参加させるのは、若者が興味をもつツールが必要です。しかし、本来の目的である社会参加への一歩を進めるにはそれだけではダメなことを痛感させられた苦い経験です。

服薬自殺予告とネット中継——苦しみの共感者をネットでしか求められない若者たち

ネットは学生との連絡に便利です。例えば、アミーゴのメンバー全員に、同時に一斉に連絡ができます。また精神状態の大きな変化にもすぐに対応することができます。最近ではスカイプ[29]などで声や表情まで知ることができるようになりましたが、私はネットによる相談にはまだ違和感を感じます。

ある学生の母親から、息子が服薬自殺を図り病院へ運んだとの連絡を受けました。あわてて病院に駆けつけたのですが、抗不安薬で自殺を図ったが服薬量が少なく、また早く発見されて大事にいたりませんでした。母親に聞くと、警察から仕事場に連絡が入りアパートにすぐに駆けつけ息子を病院に運んだとのことでした。どうして警察が母親より先に気づいたのか不思議なので聞いてみると、東京の彼女（ネット友達）から警察に通報があったとのことでした。彼がミクシー[30]で睡眠薬の大量服薬を予告し、しかも眠りに陥るまで実況中継していたのです。

数日後、彼に自殺予告のことを尋ねると、その彼女に進路のことで悩み苦しんでいたことを死ぬ前に伝えたかったとのことでした。とにかく数日間で退院し、それ以後はお母さんを苦しめることを繰り返さないと約束してくれました。

最近起こった事件ですが、ある日、警察から大学に学生が鉄道自殺の予告をネット上で流しているとの通報がありました。翌日の○時にW線で飛び込みを図るとの予告であるが、心当たりはないかとのことでした。情報が少なく予告のあった時間までに学生が特定できず、警察や学校関係者が予告のあった時刻にその鉄道の沿線を警戒しました。結果としては、予告された鉄道への飛び込み自殺は起こらなかったのですが、自殺予告した学生が本学の学生の○○と特定されたため後が大変でした。

動機はサークル仲間に無視され続けているという単純なものでした。腹立たしく、イライラ感が募り、相談する友達もなく本当に自殺を図ろうと思いネットで予告したとのことでした。予告当日には「自殺する勇気がなくとりやめた。サークルの仲間の一人くらいは自殺予告に気づいて相談のメールをくれると思ったが、まさか警察が動いているとは思わなかった」とのことでした。

二人はともに、自殺を考えるまで追い詰められている心境に共感してくれる仲間をネット上で求めています。前者の学生は、ネット上の彼女の優しさに救われましたが、後者の学生はネットを介しても誰一人として救いの手を差し伸べる仲間はいませんでした。ネットは、自殺を防止する手段として有用だと思います。しかし、若者たちにそれ以外に方法が無い状況を生み出している社会に、私たちの責任を痛感しています。

ネトゲ殺人事件はなぜ起こったのか

二〇一〇年四月一七日未明、ネットゲーム（略称：ネトゲ）に依存していた長男が愛知県豊川市で一家五人を殺傷する事件が起こりました。長男は台所から包丁を持ち出し同居する母親（五八歳）を刺すと、三男（二二歳）の長女（一歳）、会社員の父親（五八歳）、三男、三男の内縁の妻（二七歳）を次々に刺しました。その後、自分の部屋の布団にライターで放火したため、父親と一歳のめいが死亡し、母親ら三人が負傷しました。動機について、長男は「父親にインターネットを解約され、腹が立った」供述しています。

このようにネットゲームに熱中するあまり、何もしなくなり家にこもった息子に腹を立てた父親がコンピュータを壊したり、強制的にコードを引き抜き、それに怒った子どもが父親を傷つけるという事件が続きました。幸運にも私が関与しているネットゲームに依存する若者で事件は起こっていません。

ただ家族間での深刻なトラブルが生じていることは確かです。私の経験では、ネットゲームに熱中するあまり大学の授業に出なくなり何年も下宿にひきこもってしまったとか、仕事をしなくて困っている、といった相談がほとんどです。中には、ネットゲームと食べること以外は何もしないので、運動不足で太ってしまい糖尿病になってしまったとか、風呂に入らないので皮膚の感染症になってしまったというひどいケースもあります。ネットゲームが彼らの唯一の楽しみ、唯一の仲間との交流手段となってしまったのです。

(29) スカイプ
インターネットを経由し、格安料金で固定電話や携帯電話と通話できるソフト。

(30) ミクシー
二〇〇四年二月に、日本では最も早い時期からサービスを展開しているソーシャル・ネットワーキング・サービス(Social Networking Service)の一つです。サービス名の由来は、公式サイトの説明によると、「mix(交流する)」と「i(人)」を組み合わせた造語で、利用者同士の交流が深まることを願って名づけられたもののようです。

三　ひきこもりとインターネット依存

インターネット依存はひきこもりの結果か原因か?

現在社会において、インターネットは有用なツールであることは誰もが認めることです。このインターネットとひきこもりの問題が最近大きな話題となっています。そこで私たちは、このひきこもりとネット依存の問題を考えるために、韓国などの研究家を迎え国際シンポジウムを二〇一一年二月に開催しました。

インターネット依存症は、イヴァン・ゴールドバーグ(一九九七年)により障害として理論化が試みられましたが、このころ、個人や社会の病理現象としてではなく一般的にはまだ個人的嗜好の問題としてとらえがちでした。

これまでの私たちの研究結果から、社会的ひきこもりの病態は時代とともに変化していることがわかっています。和歌山大学では一九八二年から二〇一〇年までの二八年間に、明確な精神障害発達障害をもたず、三か月以上の長期不登校状態を呈した一七二名の学生の分析を行ないました。その結果、八〇年代はスチューデント・アパシー（学生無気力症候群）タイプの不登校が中心で、九〇年代には非アパシー型、いわゆる社会的ひきこもりタイプの学生が増加し、さらに、二〇〇〇年以降にはネット依存傾向の高いリアリティ逆転タイプのひきこもりが出現してきていることが明らかとなりました。

つまり、ネットコミュニケーションやネットゲーム依存は、九〇年代に急増した社会的ひきこもりの原因と考えるより、ひきこもりの長期化を可能としたと考えるのが妥当であるように思います。しかし、私の経験から二〇〇〇年以後には不登校学生のネット依存傾向が高まり、インターネット依存がひきこもりの原因と考えられるケースが出現していることも確かです。特に、二〇〇〇年以降に、ネット依存傾向の強いリアリティ逆転型の社会的にひきこもる若者が目立ってきています。

日本において携帯とインターネットは九〇年代半ばに急速に普及し、それと並行するかのようにひきこもりの長期化も顕著となっています。さらに最近、社会的にひきこもる若者はインターネット嗜癖スコアが健常対照群よりも高く、韓国における社会的ひきこもりに特有の特徴であること、つまり、ネット依存傾向はひきこもりとの関係が深いことを李永植韓国・中央大学病院神経精神科教授は示唆しています。また、ひきこもりだけではなくうつ状態や人間関係の希薄さと関係する（楊春、二〇一一）との報告などが続き、ひきこもりとネット依存の関係が、日本でもさまざまな分野で論じられるようになってきています。

これまで社会的ひきこもりとネット依存の関係は、ひきこもった若者が閉ざされた外部との唯一のコミュニケーション手段として、また、終日一人で過ごす孤独感を癒す遊びの道具としてインターネットを使用してのめりこんでいく事例が報告されてきました。しかし、逆にインターネットに熱中するあまりにひきこもってしまうケースが私の調査においても多くなってきています。

ネット依存が社会的ひきこもりの一因であるのか、あるいは結果か否かの論議はともかく、日本における若者のネット依存傾向は確実に強くなっています。キンバリー・ヤングのネット依存尺度を用いた研究で、数年前には大学生の約一割であったネット依存学生が、最近の調査では四割を超えるとの発表もあります。特に、ネットゲーム中毒（ネトゲ中毒）は社会問題化しており、その対策の確立が急がれています。すでに、韓国や中国ではインターネット依存症に対する専門外来や専門治療施設が設けられていますが、日本では対応が遅れており早急な対策が望まれています。

アメリカで大規模調査を行ったヤングは、「ネット依存」を五つのサブタイプに分けています（表15）。ネット強迫型（とりつかれたようにオンライン・ギャンブル、オンライン・ショッピング、オンライン取引にのめりこむタイプ）、情報過多型（強迫的なネットサーフィンやデータベース検索をするタイプ）、コンピュータ依存型（過剰にコンピュータゲームを使用するタイプ）、サイバーセックス型（サイバーセックスやサイバーポルノのためにアダルト・ウェブサイトを強迫的に使うタイプ）、そして、オンライン友人関係型（オンラインの人間関係にのめりこみすぎるタイプ）の五タイプです。

和歌山大学学生で見られたひきこもりとインターネット依存の関係

私たちは、長年にわたり社会的にひきこもる若者とネット依存の関係を二〇一一年からさらに詳しく開始しています。これまでわかってきたことをここで簡単に報告します。

これまでの一般学生の調査では、ヤングのインターネット中毒尺度の点数を見ると〇〜二点が七五パーセント（宮田ら、二〇一〇）と低く、ネット依存度の強い学生は少く、日本の学生のネット利用は健康的であると報告が多く見られます。

そこで、私も「学生生活の危機管理」の受講生に簡単なアンケートを実施してみました。インターネットを一日に平均何時間ぐらいしますか、これまで最高何時間使用したことがありますかとの質問に、四〇二名の学生が回答し、その平均使用時間は二・二九時間で、一〇時間以上はわずかに二名でした。一方、これまでの最高使用時間の平均は七・九三時間で、一〇時間以上と答えた学生は九三名でした。学部別にはシステム工学部学生が三二〇名と圧倒的に多く、平均使用時間は二・三時間、最高使用時間の平均は八・一三時間でしたが、一〇時間以上と答えた学生八五名はシステム工学部の学生でした。

今回の私のアンケートでも、一般学生のコンピュータ使用時間は予想以上に短く健康的であることが推測できました。そして、今日まで英語が世界共通言語として君臨してきましたが、若者たちのネット言語が主役となる時代の到来もそれ程遠くないと考えています。

表15　ヤングによるインターネット中毒度テスト

中毒の度合いを評価するために、次の五段階で質問に答えてください。
　1＝まったくない
　2＝めったにない
　3＝ときどきある
　4＝たびたびある
　5＝つねにそうだ

1．思っていたよりも長くオンラインにいた経験はあるか？
2．オンラインで長く過ごしたために、家事をおろそかにしたことはあるか？
3．パートナーと仲良くするより、インターネットで得られる刺激のほうを求めることがあるか？
4．オンラインで新しく知りあいを作ることがあるか？
5．周囲の誰かに、あなたがオンラインで過ごす時間について文句を言われたことがあるか？
6．オンラインで費やす時間のせいで、学校の成績や勉強に悪影響が出ているか？
7．ほかにしなくてはいけないことがあるときに、電子メールをチェックするか？
8．インターネットが原因で、仕事の能率や成果に悪影響を与えているか？
9．オンラインで何をしているかと聞かれたとき、自己弁護をしたり、秘密主義になったりするか？
10．インターネットで楽しむことを考えて、現実の生活の問題を頭から閉めだそうとすることがあるか？
11．次にオンラインにアクセスするのを楽しみにしている自分を意識することがあるか？
12．インターネットのない生活は退屈で、空しく、わびしいだろうと、不安に思うことがあるか？
13．オンラインにアクセスしている最中に誰かに中断された場合、ぶっきらぼうに言い返したり、わめいたり、いらいらしたりするか？
14．深夜にログインするために、睡眠不足になることがあるか？
15．オフラインにいるときにインターネットのことを考えてぼんやりとしたり、オンラインにいることを空想したりするか？
16．オンラインにいるときに「あと2、3分だけ」と言い訳するか？
17．オンラインにいる時間を短くしようと試して失敗したことがあるか？
18．どれだけ長くオンラインにいたのかを人に隠そうとするか？
19．ほかの人と出かける代わりに、もっと長い時間をオンラインで過ごすほうを選んだことがあるか？
20．オフラインにいると気分が落ち込み、機嫌が悪くなって、イライラするが、オンラインに戻るとすぐに払拭できるという経験があるか？

それぞれの回答で選択した番号の数を合計して得点を算出する。得点が高いほど中毒の度合いが強い。

以下は、得点を評価する一般的な尺度として参考にしていただきたい。

20〜39点　平均的なオンライン・ユーザー。
40〜69点　あなたはインターネットが原因となる一般的な問題を経験している。それが生活に与える影響について、よく考える必要がある。
70〜100点　あなたのインターネットの使用は、生活に重大な問題をもたらしている。すぐにでも対処しなくてはならない。

（キンバリー・ヤング著　小田嶋由美子訳（1998）『インターネット中毒―まじめな警告です』（毎日新聞社）より転載）

ひきこもりの長期化とインターネット依存

二〇一一年一月に私がサポート中の長期不登校学生（アパシー群、社会的ひきこもり群、その他）は二九名でした。その学生を対象に予備調査を行ないました。対象者は全員が男性で、ネット依存傾向を認めたのは一六名（五五・二パーセント）で、ひきこもり期間はネット依存傾向のなかった学生で平均約四・六か月、一方、依存傾向のあった学生では平均約一三・四か月でした。ひきこもりの長期化とネット依存傾向は関係が深いと考えられました。

ネット依存に至るパターンをみますと、ひきこもっていた学生がネットにはまっていったケースが一〇名と多く、依存しているネットの内容をみてみるとオンラインによる人間関係中心が七名、ゲーム二名、そして、情報一名でした。逆に、ネット依存からひきこもってしまったと思われる学生は三名と少なく、そして、内容別にみるとゲームが二名、ネットオークション一名でした。この他、スロット依存の強い学生が二名、アニメ依存が一名でした。

今回の私の予備調査で、ひきこもり状態下でネット依存傾向を強めた学生が多くみられました。しかし、典型的なネット依存症といえる学生は、ひきこもる以前からネット依存傾向を認めました。また、オンラインゲームを中心とした依存学生は、自助グループへの導入がより困難であることがわかってきました。

この結果から、ひきこもり状態に陥った若者は一人でいる時間の孤独感や傷ついた心を癒す目的でインターネットを使用する傾向が強く、ネット依存傾向はひきこもりの長期化をもたらすと考えられます。

インターネット依存症をいかに防ぐか

社会的ひきこもりの一因がネット依存であるか否か多くの議論がなされていますが、明確な結論は出されていません。

今回の調査結果は、インターネット依存は九〇年代に急増した社会的ひきこもりの原因と考えるより、ひきこもりの長期化を可能にしたと考えるのが妥当ですが、その一方で、二〇〇〇年以後には不登校学生のネット依存傾向か高まり、ネット依存がひきこもりの原因と考えられるケースが出現していることも示唆しています。

一方、韓国では社会的にひきこもる若者ではインターネット嗜好が健常対照群よりも高く、韓国における社会的ひきこもりに特有の特徴であることはすでに述べたとおりです。韓国でも、一九九六年にインターネットが著しい発展を遂げました。そして、過去一〇年間にネット依存は、ネット依存による機能障害を含めて大きな社会現象となりました。しかしながら、韓国でもネット依存はしばしば病的依存とは考えられずに、単なる没頭のし過ぎや過度の使用として、つまり個人領域での問題としてとらえられてきたため現在の困難な状況が生まれたといわれています。

ネット依存は、過度の使用によりインターネット利用者の日常生活にさまざまな障害、ひきこもりや耐性を生じる状態です。ネット依存には、いろいろな形態があります。ゲーム、チャット、猥褻な情報、ネットギャンブル、情報検索、ネットショッピングなどへの依存です。他の国と比較して、韓国ではネットゲームが最も深刻な問題となっています。

二〇〇五年に開催された韓国青年ネット依存に対する治療とリハビリに関する研究会で、ネット依存に苦しむ子どもが治療の好機を逸した不幸な事例が発表されました。日本と同様に、子どもを精神科医の元に連れていくことを恥と考えた彼らの父親が、ネット依存の解決手段として暴力を用いたために親子間での葛藤の激化へとつながったケースが数多く報告されています。

最近韓国では、ネット依存は治療を要する病的な状態と考えられ、その解決には国家的ポリシーをもち対応にあたる必要性があると認識されるようになりました。そのため若者や彼らの親ばかりでなく、専門家や研究家が効果的な政策と実行において活発に関与し始めるとともに、専門外来や専門治療施設が設けられています。

一方、日本ではひきこもる学生を調査した結果はまだ少なく、数年前には大学生の約一割であったネット中毒学生が、最近の調査では四割を超えるともいう発表があります。この結果が正しいかどうかとは別に、日本ではインターネット依存症に対する対応が遅れているのが現状です。

二〇一一年に和歌山大学では、インターネット依存症からの脱却を助ける具体的な方策として、キャンパス・デイケア室を新設しました。カードゲームやネットゲームをあえてキャンパス・デイケアに取り入れることにより、ひきこもっている若者を家庭や下宿から治療の場に導入することを試みています。このことは、彼らに不足している生の人間関係を構築する手段ともなり、日本でのインターネット依存症の治療やケアにつながると考えています。

第八章　なぜ、日本の若者はひきこもるのか

一　なぜ、日本の若者はひきこもりという形で苦悩を表現したのか

現在の日本の若者がなぜひきこもり始めたのかを考えてみたいと思います。かつてひきこもることは日本ではごくありふれたことでした。困難な状況に陥ったときに、少しそんな状況から距離を置き、しばらくの間自室にこもって、誰とも話すこともなく静かに熟考して解決方法を考えるのは、ごく普通の手段として認められていたことでした。特に、多感な若者が社会や友人から距離をとり自己確立のためにこもるのは古くから行なわれてきたことで、日本的な若者の苦悩の表現形式の一つだと考えています。

また、日本人は元来、「ひきこもった」状態は、「思いにふける」「おとなしい」つまり、「日本人の美徳・非異常性」と考えていました。その考え方は、精神疾患に対する考え方にもよく現れています。例えば、表16はその根拠の一つです。一九六〇年にボルチモアで、統合失調症の被害妄想などの陽性症状を主とした症例（症例1）、自閉など陰性症状を中心とした症例（症例2）、そして、アルコール

表16　精神病への態度調査

1．調査結果

調査地	ボルチモア（1960年、Lenkau & Croceffi）	ニューヨーク（1960年、Dohrenwend 他）	大阪（1963年、寺島他）	和歌山大学（1983年、宮西）
	N＝1736	N＝87	N＝549	N＝603
症例１	91％	100％	60.7％	80％
症例２	78％	72％	35.7％	29％
症例３	62％	63％	8.7％	8％

2．態度調査症例

症例１……三郎さんという人です。だいぶ前からひどく疑り深くなり、だれも信用できずすべての人が自分に反対していると思い込んでいます。町を歩く知らない人までが自分のうわさをしたり、あとをつけてくると感じることがあります。この間も自分の悪口を言うといって、見ず知らずの人をなぐってしまったことがありました。この間は妻が他人同様自分にワナにかけようとしているといって、ひどくののしった上、妻をなぐり殺すぞとおどかしたということです。

質問		
	イ、この人は心の病気でしょうか。	1．病気だ 2．そうではない―その理由 3．わからない

症例２……道子さんは20代の女性です。今まで一度も働いたことはなく、外出も、人に会うことも好みません。非常に控え目な人で家族とさえあまり口をきこうとしません。まるで恐れているようにふるまい、ことに自分と同じ年頃の若い男の人を恐がっているようです。誰か家にお客があるとその客が帰るまで、自分の部屋から出て来ません。いつもひとりぼっちでまるで夢でもみているようで、どんな人にもどんなことにも、まるで興味を示さないのです。

質問は症例１と同じ。

症例３……正男さんは酒好きであまり飲むために、一つの仕事に長続きしません。金さえあれば飲み屋に行き閉店になるまで飲み続け妻子のことなどすっかり忘れてしまうのです。酔がさめると、つくづく家族にすまないと思い妻に何度もあやまり「もう酒は飲まない」と約束するのですが、翌日からまた飲み出してしまうのです。

質問は症例１と同じ。

依存症（症例３）などを提示して精神病と考えるかどうか、心の病気に対する態度を調べたものです。私も和歌山大学の学生を対象に、同じ調査を一九八三年に行ないました。ある社会での住民の精神疾患への態度が、その病気の治療や予後に重要な影響を与えると考えられるからです。

各症例に対する態度を見ると、アメリカと日本では大きく異なることがわかります。例えば、陰性症状、つまり、ひきこもり状態が強い症例2を心の病気と考える人は、一九六〇年のアメリカ・ボルチモアで七八パーセント、ニューヨークで七二パーセントであるのに対し、日本では一九六二年に大阪では三五・七パーセント、そして、二〇年後の和歌山では二九パーセントとなっています。つまり、日本人はアメリカ人に比べ、自閉傾向が強い統合失調症を病気と考えない傾向が強い、自閉やひきこもり状態を許容する傾向が高いことを示しています。そして、日本ではこの傾向が一九六〇年と一九八〇年代においても変わっていないことがわかります。この結果から、少なくともひきこもり世代が育ってきた時代には、ひきこもりを日本人の美徳・非異常性と考える傾向が続いていたことがうかがえます。

それでは、現在、ひきこもりがなぜ社会問題となったのか、医療の必要性まで強く叫ばれる事態になったのか考えてみます。

若者のひきこもり状態の基盤に、思春期の多感な感情や自己確立の課題が存在すること、すなわち思春期固有の心性が存在することは誰もが認めることだと思います。ではなぜ、世界各国に先駆け、あるいは特別日本や韓国で、ここまで多くの若者をひきこもらせ、さらに長期化させる事態が生じたのでしょうか。

まず、背景に日本固有（韓国も）の受験文化による「学歴が社会的成功と幸福をもたらす」との硬直化した価値観の存在があげられます。日本は島国で面積も小さく、一つの考え方や価値観が流布する条件が整っています。一時期、受験戦争、お受験、そして、教育ママなどの言葉が流行し社会現象化しました。その結果、教育ママの過干渉が生じました。そんな閉塞感の強い社会で、息切れし、あるいは脱落した若者が悩み苦しむ、元来社会から異常とみなされていなかった、いわゆる「ひきこもる」ことによって苦痛な状況から家庭内に身を隠そうとしたのだと思います。

事実、初期にはひきこもる若者はそれほど社会問題としてとらえられていませんでした。ところが、高学歴信仰が彼らに現在社会での負け組みのレッテルを貼ってしまい、社会の病理現象として扱われるようになりました。若者はひきこもることによって苦悩を訴え、助けを求めようとしました。それが日本社会で許容されていたはずでした。ところが、急激な価値観の変化からひきこもる若者は、社会的な敗者の汚名を着せられて、さらに、個人的な悩みから生じた精神的な疲れや苦悩を処理したあとも、批判的な社会や他者の目の威圧感にさらされ、ひきこもり生活から脱出する機会を失っていったのです。

もちろんそんな彼らにとって、高度経済成長による個室の完備やコミュニケーション革命による携帯、インターネットの普及はひきこもりを続けやすくしたことも重なりました。長期化すればするほど家から外に出にくくなるのは当然の結果だと思います。

そして、長期化が進み、家庭内暴力や新聞で不幸な事件が報じられるようになると、社会の目はさらに厳しくなりひきこもりは人格や個人の異常性によるのだと考えられ、医療の必要性が強く求められるようになりました。

世界でも有数の高学歴社会で悩み苦しんだ若者が、少し休息するために、またある者はそんな社会に抵抗するためにひきこもったはずであったのに、そんな彼らに救いの手を差し伸べるどころか、さらにプレッシャーをかけ続けた私たち大人世代が、六〇万人以上のひきこもる若者、しかも、四割以上が一〇年以上の長期にひきこもっている悲惨な結果を生み出したのだと思います。

アメリカや私が共同研究を進めているスペインやフランスでは、日本のように家庭への逃げ場はなく、若者のひきこもりが少ないため、社会からの逸脱（薬物、非行など）という形で彼らの苦悩が表現されているのが特徴です。

二　ひきこもりは誰にでも起こるもの

私は最近留学生のひきこもるケースを経験しました。そして、日本の学生と驚くほど共通点があることに気づきました。東南アジアの国からの国費留学生です。国で選ばれたエリートでした。

次の共通点がありました。留学生は陽気なお国柄には似合わず、表面的にはおとなしい控えめな性格でした。恵まれた家庭に育ち、小さいころから英才教育を受け、兄たちは成績が優秀で、兄たちに負けないために友達と遊ぶのも我慢して必死に勉強に打ち込んできたそうです。日本の受験社会で生きてきた若者と社会背景が共通しています。そして、親の期待を一身に背負い日本に留学してきました。また、個人的性格傾向として、プライドが高く、強迫的な側面が一致します。

その彼が、留学して二年経過したころから授業内容がわからなくなってきたようです。専門知識を理解するための語学力の問題（同国の留学生の中では一番日本語が堪能でしたが）もありますが、一番の原因は、同国の留学生はもちろんのこと、サポートしてくれる日本人とも友達になれず（人間関係の希薄さ）、講義内容の聞き漏らしや理解できなかった部分を補い、試験問題などの情報をうまく入手できなかったことにあると思われました。彼は本当は自信がなかったのですが高いプライドにしがみつき、同国の留学生に不得意な課目のノートを見せてもらったり、教えてもらうことを恥ずかしいことと考えていたのです。

さらに、あまりにも厳格なイスラム教徒であったため食事も一緒にできず、知り合った日本人学生も次第に彼のもとを一人二人と去っていきました。同国の留学生や日本人学生と友達になれず次第に孤立していったのです。大学の授業を時々休むようになっても家族の誰一人にも相談できずに、順調に勉強を続けていると言い続けていました。やがて、不登校状態となりました。

そして、過剰に自己評価を気にするようになり、他者の評価は、対面時、人格や知的レベルよりもまず顔や姿からスタートする、容貌で決まってしまうといった確信を抱くようになりました。次第に、食事、睡眠など生活が乱れ、にきびが目立つようになると、「顔が醜いとみんなからの評価が落ちる」ということを考えると威圧感を感じ外出しにくくなると訴えています。さらに状態が悪化したとき、日本の若者に多い醜貌恐怖症状までも出現しました。その結果、同僚はみな優秀で自分だけが恥ずかしい人間であると考えるようになり、ひきこもり状態が続くようになったのです。

このようにひきこもりは、日本人だけでなく外国人にも起こることがわかります。その基盤には日本の若者との共通点がみられます。彼は、幼少時より受験勉強に時間を奪われ、親しい友達を作れていません。その結果コミュニケーション能力は低下しそして、優秀な成績とそれに対する親の過剰な期待や執拗に続けられる英才教育は、プライドが高く、ストレス耐性が低く強迫傾向の強い人格を形成していきました。そして、プライドを満足させていた勉学での挫折やそれまでは自慢の対象であった優秀な兄との比較は、逆に彼を追い詰め、不登校やひきこもりへと導きました。

これらの諸条件がそろえば、ひきこもりは日本人ばかりでなく外国人にも生じ、そしてサポート体制が整っていないときは悪化し慢性化することを、一留学生の経過が示しています。

誰にでも起こり得るひきこもり。そして、若者がひきこもるのを防ぐために、もう一度フーテンの寅さんと釣りバカのハマちゃんを思い出してください。寅さんやハマちゃんは、高度成長社会のはみ出し者、一般では落伍者と言われる人たちかもしれません。そんな彼らがひきこもることなく、自己確立の旅やサラリーマン生活を続けることを可能としたのは、高度成長社会での勝ち組とはいえない温かい家族や仲間の支えがあったからだと思います。

ひきこもりを生み出す土壌を作ったのは私たち世代です。その責任は確かにあります。しかし、これまで話してきたように、ひきこもりの解決はそんなに難しい複雑なことではないと私は考えています。社会での成功者でなくとも、一人旅に出て挫折したときに彼らを温かく迎えてくれる普通の家族と、そして、その旅の途上でたちどまったときに声を掛けてくれる、苦しみを共有できる仲間があればいいのだと思います。今後、若者たちとともにこのような不幸な結果を生み出さない社会を作っていきたいと考えています。

あとがき

私は三〇年間、若者たちと付き合ってきました。最初の一五年間は学生たちを連れ、密林の中を歩き回る自称マヤ学者としての生活が続きました。このころ、一度海外調査に出かければ二、三か月の長期に家を空けることが常でした。寝たきりになった母を妻に任せてのわがまま放題の、まさに私の青年期、アパシー・ドクター時代でした。そして、後半の一五年はひきこもり支援活動で土曜、日曜なく出かけることが多くなりました。土曜日の夜に起こされて出かけたり、日曜日の早朝に電話で起こされました。

そんな生活が続いていたにもかかわらず、一言も不平を漏らさなかった妻が数年前、〝もう少し人間らしい生活がしたいですね〟と静かにつぶやき始めました。そして、遅れていた本書の最後の詰めに入ったときに妻が病に倒れました。一か月以上、高熱にうなされようやく水分を口にすることが可能となったとき、妻は大好きな煎餅が欲しいと初めて私にわがままを言いました。口に含んで煎餅の塩味を楽しむ妻の久しぶりの笑顔に励まされ、本書を書き上げようと決心しました。

それから少し体力の回復したあと手術を受け、約三か月間の入院生活の後に家に戻った妻は平静を保ち、私の背後からごく普通の生活が大切ですよと語りかけてくれています。人間らしい生活がはたしてこれからできるのか、つまり、何事もほどほどに、あなたこそ理想を追い続け、自分の世界がみえなくなった〝ひきこもり〟状態になっていますよとの、妻の警告に私は答える自信がありません。ただ、私のこころを癒してくれる妻が、家族が、こころが傷つき苦しむ若者と向かい合ってゆく勇気を与えてくれています。

母親への依存心がそうさせるのですが、不登校やひきこもる若者はよくお母さんを攻撃します。私はそんな彼らに必ず本当に君たちのことを思ってくれているのは母親だ、父親だといいます。私はご両親のように君のことを思ってあげられない。親子の愛情は特別なものだと告げ、そして、私は他人だ、無責任な他人でありご両親のような愛情をもてないということにしています。もちろんそれは事実です。

若者たちを守ってきた家庭やご両親は何事にも変えがたいものであり、その関係はこれからも続きます。ただそろそろ自分の道を歩み始める、自立を考える素晴らしい年齢に達しようとしているのだと彼らに訴え続けています。若者のすばらしい可能性と無限のエネルギーはなにものにも変えがたい宝物です。しかし、ともすればその豊かな感受性やエネルギーをコントロールできずにとまどい苦しんでいます。

アパシーやひきこもりに関して、最初の二〇年間は発表し文章にする必要はないと考えていました。若者とともに歩んでいくことだけでいいのだと考えていました。しかし、ひきこもり回復支援プログラムを提案してすでに一〇年が経過し、この間に多くのひこもる若者を抱えるご家族やひきこもり支援にかかわる関係者から、ひきこもり回復支援プログラムの詳細を聞きたいとの要望が寄せられるようになりました。そこで少しまとまったものを書くことも許されるかなと考えていたとき、学苑社杉本哲也氏から地方で暮らす私に初めてひきこもりに関する出版を勧める声をかけていただきました。その励ましの声でまとめたのが本書です。自己確立途上で苦悩する若者に、自立への励ましのささやかなメッセージとなることを願って本書をおくります。

二〇一一年八月

五回目の一泊二日のメンタルヘルス研修会を終えて

宮西照夫

参考文献

Alters, P. A. J.（1961）Student Apathy. In B. Blaine, Jr. & C. C. McArthur, (eds.), Emotional Problem of the Student. Appleton Century Crofts. 笠原嘉・岡本重慶訳（1975）学生のアパシー．石井完一郎他監訳，学生の情緒問題．文光堂.

ブラック , C. 水澤都加佐・鈴木美保子訳（2004）もちきれない荷物をかかえたあなたへ．アスク・ヒューマン・ケア .

ブロード , G. 池央耿・高見浩訳（1984）テクノストレス．新潮社.

エランベルジェ 中井久夫訳（1998）精神医療とその周辺（エランベルジェ著作集２）．みすず書房.

フロイデンバーガー , H. 川勝久訳（1983）燃えつき症候群―スランプをつくらない生きかた．三笠書房.

Lee, S.（2010）Home Visiting Program for Detecting, Evaluating and Treating Socially Withdrawn Youth in Korea. 宮西照夫編 なぜ日本の若者はひきこもるのか？ 朝日・大学パートナーズシンポジウム報告書．和歌山大学.

丸井文男（1967）大学生のノイローゼ―意欲減退症候群．教育と医学，15.

Miyanishi, T.（2007）Effect of a Systematic Support Program on Apathy and Social Withdrawal Student at Wakayama University, XIXth World Congress of World Association for Social Psychiatry, Praha, Czech Republic.

Miyanishi, T.（2010）Studies on School Absence Students at Wakayama University in Japan, XXth World Congress of World Association for Social Psychiatry, Marrakech, Kingdom of Morocco.

宮西照夫他（2010）なぜ日本の若者はひきこもるのか？ 朝日・大学パートナーズシンポジウム報告書．和歌山大学.

宮西照夫（2011）不登校・引きこもり．国立大学法人保健管理施設協議会編，新版学生と健康各論42．南江堂.

Rubin, K. H. & Asendorpf, J.（1993）Social Withdrawal, Inhibition and Shyness in Childhood. Hillsdale, NJ, Erlbaum.

Rubin, K. H., Coplan, R. J., & Bowker, J. C.（2009）Social Withdrawal in Childhood, Annual Review of Psychology, 60.

斎藤環（1998）社会的ひきこもり．PHP 研究所.

Vasa, R. & Pine, D.（2006）Anxiety disorders. In C. Essau (eds.), Child and Adolescent Psychopathology: Theoretical and Clinical Implications, 78-112. New York: Routledge/Taylor & Francis.

ヤング , K. S. 小田嶋由美子訳（1998）インターネット中毒―まじめな警告です．毎日新聞社.

Yeo, I. S.（2005）히키코모리 은둔형 외톨이 : 지혜문학.

楊春燕・佐藤武（2010）大学生における Mobile Phone Addiction に関する研究―日本と中国の比較．全国大学メンタルヘルス研究会報告書.

宮西照夫（みやにし・てるお）
和歌山大学保健管理センター所長・教授
博士（医学）。1948年和歌山県日高郡美浜町生まれ。1973年和歌山県立医科大学卒業。精神医学専攻。主な研究テーマは、若者と麻薬、PTSD、社会的ひきこもりに関する研究。1982年よりスチューデント・アパシーや社会的ひきこもりの実践研究を続ける。2002年より和歌山大学ひきこもり回復支援プロジェクトを開始。著書に『文化精神医学序説』（編著、金剛出版）、『風　エル・ヴィエント』（著、クリエイツかもがわ）」などがある。

ひきこもりと大学生
和歌山大学ひきこもり回復支援プログラムの実践

2011年11月25日　初版発行

著　者　宮西　照夫
発行者　佐野　　正
発行所　株式会社学苑社
東京都千代田区富士見2－14－36
電話　03（3263）3817
Fax　03（3263）2410
振替　00100-7-177379
印刷　藤原印刷株式会社
製本　有限会社清水製本所

検印省略

ISBN978-4-7614-0742-1

学生相談ハンドブック

日本学生相談学会 50 周年記念誌編集委員会 編

●A 5判／定価 4725 円

個別相談や連携・協働そして学生・教職員・保護者に向けた活動など、多様な側面がある学生相談について、独自の相談・援助活動からキャンパス全体を視野に入れた専門的な実践方法まで具体的に提示する。

■主な目次

場面緘黙Q＆A

▼幼稚園や学校でおしゃべりできない子どもたち

かんもくネット 著　角田圭子 編

●B5判／定価1995円

72のQ＆Aをベースに緘黙経験者や保護者らの生の声などを載せた110のコラム、そして17の具体的な実践で構成。

いじめ・損なわれた関係を築きなおす

▼修復的対話というアプローチ

山下英三郎 著●A5判／定価1890円

いじめ問題に焦点を当てて、修復的対話の考え方と進め方を、学校現場で用いた様子などで事例形式で詳述する。

分かりやすいソーシャルワーク実践

相談援助・自らを問い・可能性を感じとる

▼子どもたちとの関わりを中心に

山下英三郎 著●A5判／定価2100円

ソーシャルワークやソーシャルワーカーの役割や機能及び考え方や活動について日常の語り口で易しく述べる。

不登校・非行・ひきこもりになったわが子

▼悩みを乗りこえた母親たちの声

岡田真紀 著●四六判／定価1890円

荒れるわが子の姿に悩み揺れていた親たちがたどりついた答えは、意外にも「あきらめる」ことだった……

東京都千代田区富士見 2-14-36
TEL 03-3263-3817
学苑社
http://www.gakuensha.co.jp/
FAX 03-3263-2410

（価格はすべて税５％込みです）